Time
Thinking
时间思维

孙铁麟———— 著

江苏凤凰文艺出版社
JIANGSU PHOENIX LITERATURE AND
ART PUBLISHING

序 言

2019 年 10 月，我以"病毒与免疫"为主题创作的艺术品，获得了意大利佛罗伦萨双年展大奖。在这之前，艺术领域对我来说，是一个全新的领域。然而，我就是一个喜欢挑战未知领域的人，多年来，我常跨界去做自己感兴趣的事情，收获了诸多意外的惊喜。成功于我，并不是大家所认为的荣誉，而是自我取悦与生命轨迹的延长。

生活中，常有朋友让我谈谈每次跨界成功的经验，我只能说，这是一种长期思维模式带来的蝴蝶效应。那么，到底是什么思维呢？这就是我要和大家谈有关本书提出的一个关于时间的概念"时间商"。

"时间商"最早由斯蒂文·赫尔提出，"时间商是你对待自己时间的态度，对待别人时间的态度，以及运用时间创造价值的能力"。由此可看出，时间商是影响一个人三观的重要指标之一，且对当代人从生活到工作都影响深远。为什么我要和大家讲这个概念？因为时间商是一种底层思维，可以通过后天培养提高，一旦拥有时间商，你会发现生活和工作将发生难以置信的变化。

大约 10 年前，我接触了"时间商"这个词后瞬间顿悟，之前自己在做一些事情或决策时，正是运用了时间商思维体系，只不过当时没有意识到。从那之后，我就开始有意识地和身边的朋友们去探讨有关时间商的话题，希望他们也能像我一样洞悉时间商的秘密，让自己变得更加理性、积极、进取。当面对金钱欲望、生离死别时，能够勇敢超越时间的边界，大胆挑战生命的极限数值。

大约 5 年前我开始筹划本书，几次成稿，又几次推翻，我试图用一种量化的方法和大家分享时间商，让大家更容易理解。假设向我们体内植入一台 X 光机，当你了解了时间商的价值公式，你就可以扫描一切问题，做出正确的选择。同时，你已开始理解时间的机会成本，就不会像无头苍蝇一样找不到选择的方向。可是，越是浅显的道理，试图让所有人都接受，可能就越难，所以这项工作时至今日按着我自己的时间商价值公式来计算，已经远远超出了我最初计划的投入产出比，同时也大于我以往所做的任何一件事。可一想到此书所阐述的时间概念，可能会让更多的人延长自己的生命价值，从而使我自己的生命值也得到提高。最终，值得庆幸的是，我找到了一种方式让时间商以最容易让大家接受的姿态呈现。

本书中，阐述了时间商是一种综合能力，它包含认识时间，管理时间，延长时间和转化时间的能力。同时，也让读者认识到，时间商不是任何一种时间管理方法，它是一个完整的思维体系。不用学图表法、曲线法、函数计算……只要把时间商思维融入你的血液里，当你遇到任何事情的时候都条件反射地算一笔自己的时间账，三思而后动，做最划算的决定，像呼吸、走路、吃饭、睡觉一样自然地用时间商的思维来理解和应对问题，从而做出最优选择，让我们的目标与初心的匹配度更高。

时间商并不像情商、智商有一个标准的指数，因为它看不见也摸不着。虽然时间商很难用明确的数字去估计，但时间价值可以量化出来。该如何计算时间的真正价值呢？时间商公式会给你清楚的答案。时间价值的计算公式为：时间价值 $=A \times C+B$。A、B、C 值分别代表什么及具体的计算方法，我已在正文中细讲，在这里就不做具体阐述了。通过此公式，我们就会清晰地了解自己一小时或者一天的真正价值，从而将时间商应用到生活中，并植入我们的底层思维。因为，想要改变自己，真正有效的方法就是改变底层思维，重塑思维体系。

本书除了提出了时间价值的价值公式，还提出了生命的两种状态，即硬生命和软生命。当你理解了生命的这两种状态，你便知道如何去权衡生活，权衡工作和学习。而当我们羡慕别人生活得比自己更有意义更有价值的时候，其实并不是他比你更幸运，有更多的钱，有更小的压力，而是他的时间商更高，更懂得在生命中做权衡。我经常跟周围的朋友说，我比你们所有人都多活了一辈子。很多朋友都以为是开玩笑，但是只有我自己知道，这是真的。洞悉时间商而不独享，以书籍的形式和朋友们分享，也正是我延长自己生命最佳方式。

　　时间商是一把利剑，剖开生活的假面。生命对每个人都公平，可是太多的杂念纷扰干扰了我们生命的质量，时间商带给我们的财富和改变，希望在您阅读之后，能和我一样获益。在书里我将向您揭示如何利用时间创造价值，从而让我们的生命更加从容和自由。

　　谨以此书，献给每一个希望多活出一个精彩人生的朋友！

孙铁麟

2020 年 6 月

目 录

第五章
转化时间——时间商提升职场竞争力

第六章
转化时间——时间商与财商的关系

后记
生命表格的秘密

附录

时间商思维导图

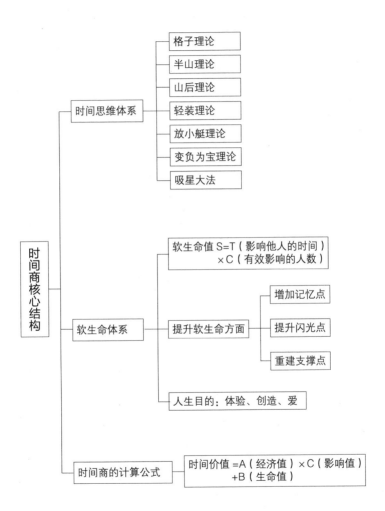

时间思维体系
- 格子理论
- 半山理论
- 山后理论
- 轻装理论
- 放小艇理论
- 变负为宝理论
- 吸星大法

时间商核心结构

软生命体系
- 软生命值 S=T（影响他人的时间）×C（有效影响的人数）
- 提升软生命方面
  - 增加记忆点
  - 提升闪光点
  - 重建支撑点
- 人生目的：体验、创造、爱

时间商的计算公式
- 时间价值 =A（经济值）×C（影响值）+B（生命值）

第一章

认识时间
时间商的觉醒

时间商觉醒

> 时间商是除了金钱以外的另一套财富体系，遇到任何事情都算一笔自己的时间账。

时间是对物体之间相对运动快慢的一种描述。它表示物质运动过程的持续性和顺序性，对任何人而言，时间的步伐都是一致的。它不受任何因素影响，无论我们采取什么样的方式计算，时间都以同样的速度流逝，不为谁而停驻。就算世界上所有的钟表都消失了，时间仍然继续存在。我们从小就被教育时间珍贵，关于时间的名言警句，励志故事，都能信手拈来，"时间就是生命""春宵一刻值千金""一寸光阴一寸金，寸金难买寸光阴"……可我们真的懂时间吗？时间为什么宝贵？它值多少钱？它到底有什么样的价值？你懂的时间，很可能只是时间的表层，本书将用时间商帮你解开时间的底层秘密。

时间商最早是在 2003 年由美国学者斯蒂文·赫尔提出的，

他认为时间商和情商、智商一样是一种能力，是一种对自己时间价值的认识和对别人的时间价值的认识，以及用时间创造更大价值的能力。

我对时间价值的认识觉醒于 2002 年，当时还没有时间商的概念，记得《天津日报》还把我对时间的特别态度做了报道，经过十多年的践行和思考，我慢慢总结出我个人对于时间商的定义：

时间商是一种综合能力，它包含了认识时间，管理时间，延长时间和转化时间的能力。

认识时间的能力，就是我们常说的，了解时间的特性，认知时间重要性的能力。

管理时间的能力，即自我时间管理以及管理他人时间的能力。

延长时间的能力，一是认清生命由硬生命和软生命组成；二是可以通过延长软生命来延长生命总长度的能力。

转化时间的能力，即把时间转化为财富（物质财富和精神财富）的能力。一是创造财富及认识财富倍增规律的能力（即价值观）；二是驾驭财富及应用财富的能力。

几乎每一个人都知道智商与情商的概念，并把"双商"认为是成功人生关键要素，因为智商受先天因素限制，所以很多人开始重视情商的培养，可是他们很快发现，情商到位依然可能会失败，那么走向成功最重要的能力是什么？我的答案是时间商！因为在成功的多元化价值体系里生命的权重无疑是最大的。

如果我们对时间价值没有正确的认识，就意识不到时间商的重要性，更不会去主动掌控时间，而是不知不觉中做着时间的奴隶。这就像一个3岁的小朋友拿着妈妈的手机玩游戏玩得正开心，你突然过去跟他说，小朋友我用一个冰淇淋来换你的手机吧，小朋友不知道手机的价值，又真的很想吃冰淇淋，结果会怎么样？3岁的小朋友是愿意用手机换冰淇淋的。你不能说这个小朋友傻，因为小朋友没有财商，他不知道手机5000元，冰淇淋5元钱，这两个物品的价值其实相差了1000倍。同理，我们口口声声说着时间宝贵，但是如果我们没有时间商，不懂得时间真正的价值，而别人已经具备了时间商，我们就会像3岁的小孩子一样，轻而易举地被别人"骗"走我们的时间。

如何让时间变得有价值呢？最重要的是我们要具备时间商。当时间商这个概念在大家的脑海中觉醒时，你再去做一件事的时候，就会在现有的衡量标准之外再加上一个时间价值。你可能会反驳，有这个必要嘛，我们知道做一件事获得多少收益，计算投入产出比还不够做判断吗？当然不够。只要是时间，就有价值，只要有价值，我们就不能看轻它。时间商是除了金钱以外的另一套财富体系，它是财富又远远大于物质财富，对于这个体系我们首先需要认知，然后才能进行提升，并最终应用于我们生活中的任何一个场景。所谓时间商是一种能力也是一种思维模式。也就是说，如果一个人拥有较高的时间商，他只会选在当下做最有意义和价值的事情，有意识地摒弃那些会产生负能量的沟通和行为，因此，我们那些不知不觉滋长出来的负能量就会退避三舍。而当我们羡慕别人生活得比自己更有意义更有价值的时候，其实并不是他比你更幸运，有更多的钱，有更小的压力，而是他的时间商更高，更懂得活在当下。

我经常跟周围的朋友说，我比你们所有人都多活了一辈子。很多朋友都以为是开玩笑，但是只有我自己知道，这是真的。

当年，我还只是一个在电视台经济部的小编辑，每天唯一的工作就是给城里各大菜市场的大妈大爷们打电话询问菜价，然后汇总给经济新闻的主持人。无聊的日子里，我对时间的研究产生了浓厚的兴趣，慢慢地发现了通往时间宝库的秘密通道。

接下来的日子，我的人生就像打游戏开了外挂，仅用了短短几年我先后成为一家卫视电视台的副台长、上市公司副总裁、基金董事长……但是这些都没有妨碍我在工作之余享受生活和完成自己的梦想：我喜欢旅行，会去亚马逊探险，在马六甲学帆船，在非洲研究野生动物，也会在旅行的同时在当地插上中国公益的小红旗；我喜欢音乐和中国文化，就去尝试谱写歌词；我喜欢网球，会参与组织网球赛事；我喜欢艺术，假期跑到大英博物馆做业余讲解员。同时，我也爱好艺术创作，创作的作品获得了意大利佛罗伦萨双年展的大奖。讲了这么多经历，我想告诉大家，你的人生不止有一副牌，还可以有更丰富的选择，有更多的排列组合。

时间商，不是任何一种时间管理方法，它是一个完整的思维体系，不管怎么绕，最终都能抵达理想生活。不用学图表法、曲线法、函数计算……只要把时间商思维融入你的血液里，当你遇到任何事情的时候都条件反射地算一笔自己的时间账，三思而后动，做最划算的决定，像呼吸、走路、吃饭、睡觉一样自然地用时间商的思维来理解和应对问题。

时间商让我们看到大众视而不见的规则，并理解它的内在逻辑，从而启发你将同样的思维运用到日常的生活和工作中去。区别于目前流行的绝大多数的时间管理方法，时间商培养的是我们的思维品格，是权衡万事万物的一种观点。时间商可以让我们变得更加理性、积极、进取。当我们面对金钱欲望、生老病死、断舍离别时，能够勇敢地打破世界的框架，超越时间的边界，挑战生命的极限数值。

时间商格子理论

人生就像踩格子，一张 A4 纸就能把你的余生安排得明明白白。

格子思维是时间商思维体系中的底层思维理论之一，无论是职场、情场，还是日常生活，我所有的思想和行动，都是以格子这一底层思维作为大前提。格子思维涵盖生活中的方方面面，可以应用在各种场景下，所以如果想要学习和运用时间商，首先要玩转的，就是格子思维。

一天的时间是 24 小时，当时针一圈一圈转动，就意味着时间在不断地流逝，也就是说我们的生命也在不断消逝。那么当生命走到尽头的时候，用什么来验证生命的轨迹呢？一生的时间所创造的价值又该怎么计算呢？用我所提到的格子理论即可进行生命和时间的量化。

格子理论是怎么量化生命和时间的呢？其实用一张 A4 纸即

可讲明白。如果在一张 A4 纸上打格子，纵坐标是 80 年，横坐标是 365 天，每一个横线与纵线交叉的小格子，就代表一天。我们将已经过去的每一天都打上"×"，不少人会发现，在这张 A4 纸上布满了"×"，也就是说自己的余生，已经不满半页了。我们再来做一个测试，已经逝去的时间里，将那些你能够回忆起来的日子，在另外的一张 A4 纸上画一个"√"。绝大多数人会很清晰地看到，自己所能打的"√"，实在寥寥可数。除了少数特别的时刻，在我们的脑海里留下过痕迹，其余的，全部是空白了。

我们如果想要让这一生有意义，甚至精彩得就像多活了一辈子，那么就要专注地经营一件事——为自己的人生多准备几张 A4 纸，并在上面划上更多的"√"。你只需要做这一件事，就可以逆转你的生命质量，让你的时间持续增值。

举例来说，早晨睁开眼，如果我们按照以往的习惯去经营这一天，那么这又是重复的一天，在生命体系下是缺乏价值的。对我而言，我虽然不知道什么是最好的一天，但我有可能会过一个"不一样的一天"。什么才算是"不一样的一天"？我的衡量标准依次是：体验——创造——爱。

体验了一件过去没有尝试过的事，这就是用新的体验在为人生格子打"√"。

在体验的基础上，展开了新的创造，这就可以为我们的人生格子打上更多的"√"。

如果创造的事物，激发了内心的爱，甚至对其他人产生了积极正能量的影响，那么，这份"爱"在我们的人生格子里，留下了许多值得回忆的"√"。

用我的例子来说明一下这三者之间的递进关系。我经常去偏远的山区做公益，有的地方山路非常崎岖，一不小心摔下去，可能小命都没了，这属于我的"体验"。

既然如此危险，为什么我还要这样做呢？

山区里的孩子，之前很少有机会见到城里来的老师，现在，他们不仅见到了，还和我一起生活了一段时间。在我对他们有所了解后，将最需要的东西送到他们手里。同时，我还可以给孩子们带来一堂独一无二的人生幸福课，让他们感受到人生的阳光和快乐。这就是我给偏远山区带去的"创造"。

做完这件事情之后，我将它分享到朋友圈，可能就会号召一些有意愿的朋友，一起来做这样的事。那么，这份爱的传递，就不仅仅是我和山区的孩子，而是更多人和他们的连接。当朋友们将爱的种子又再度分享给他们的朋友，朋友的朋友又继续分享扩散……就这样，爱的涟漪一圈圈地向外扩大，我就可以看到我所身处的这个世界，越来越积极友爱，充满正能量。这就是我在人生格子里，想要达成的终极目标——"爱"。

就这样，我用"体验——创造——爱"度过了一段又一段美好的时光，为我的人生格子画了一个又一个"✓"。

我要告诉大家的是：每个人时间银行里的余额，都足够兑换想要的自由、快乐、幸福与爱。如果你想比别人多活一辈子，创造更多的美好，你就多准备一张 A4 纸，如果想比别人多活两辈子，就多准备两张 A4 纸，让它们画满人生的"✓"。

有了格子思维，我们就不会让很多无谓的事情占据自己的时间，摆脱庸庸碌碌的生活，人生价值观会更丰富，灵魂会更丰盈，对自己、对世界会更了解，生命价值会更高。

重建人生底层思维

> 在时间管理中注入时间商的底层思维，就像用
> 肥沃的土壤孕育植物。

　　底层思维，是我们看待事物的条件反射式思维，在面对外界事物时能不假思索地做出评判。它是一种机体的保护机制，为了保持机体能够正常运转，把生活中的常见问题程序化解决。所以，要想改变自己，真正有效的方法就是改变底层思维，重塑思维体系。幸运的是，底层思维是可以通过不断练习得到提高的。

　　怎么把时间商应用到生活中，并植入我们的底层思维，它的核心切入点就是我们首先要掌握底层思维。

　　为了让大家更清楚地了解底层思维，给大家举一个简单的例子。天气预报说今天下午有暴风雨，不宜出门，待得很无聊，你想在暴风雨来临前，找个朋友来陪你，朋友来了，你们要一起：

下厨做顿丰盛的饭；

开一瓶珍藏的红酒；

看一部最新的电影；

制订下个月的旅行计划；

为了制造气氛点上香薰

……

这些都是针对邀请朋友来，做出的思考，到底哪一个才是你的底层思维呢？如果说今天没有暴风雨，不无聊，是不是就不会请朋友来家里，就不会下厨、喝红酒、看电影……因为无聊，想找朋友陪伴就是你的底层思维。以无聊为底层思维，自然扩散出怎样改变无聊状态，找朋友陪伴，和朋友一起"搞事情"，打发无聊时光，都是围绕底层思维产生的思考。

具体来说，当我们思考一个问题，首先需要找一个入口，捋出一条线，形成思考路径，这是思考的基本原则，从表面看，一点问题都没有。但是，这里忽略了一个本质的问题：从思考本身出发，实际上会有很多入口。找到入口，就开启了不同的思维路径，表面上解决了问题，实际上却陷入"是否找到了问题本质"的困局中。那么思考问题的本质是什么呢？就是问题本身最原始的需求与我们思考问题最终的解决方案的匹配度是否一致；或者说最原始的原因与思考之后得出的结果判定是否一致。这个原始需求或原因就是——底层思维。

围绕底层思维展开思考，会让我们的目标与初心的匹配度更高。在此基础上，寻找路径、解决方案或者做出选择，确定方向都是思考问题的最本质出发点。人与人之间产生差异的根本原因在于底层思维模式的不同，而非知识多少、阅历多少。

底层思维是在人的生命体系下建立的重要思维系统。大多数人都只有一个财富价值系统，遇到事情首先会以财富价值思考，但是只有一种价值体系是不足以在复杂的社会中生存的，会让我们陷入拜金的陷阱，而获得的又仅仅是廉价的回报。所以，我们还需要用时间商底层思维建立一个更重要的体系，那就是时间价值系统。

有一部让我感触颇深的电影，叫《时间规划局》。影片里，时间是这个世界的流通货币，每个人的手臂上都有时间计时器，一旦在时间银行中的存额所剩无几，就面临被剥夺生命的危险。男主人公的母亲每日精打细算，预留的时间刚好可以支付到达跟男主见面地点的车票，与其进行时间交换。可不承想，车费竟然涨价了，无法乘坐任何交通工具的她只能一路奔跑，在与时间赛跑的过程中，仅一秒之差，倒在了儿子的怀里。这部电影能让我们非常直观地感受到时间的价值，同时也能发现影片里的人物都习惯从时间的角度去思考问题，换句话说，以时间为价值衡量体系就是一种底层思维。

我们都知道医院里的 X 光机，虽然它不能给我们治病，但它可以对身体进行全面扫描，为治病提供参考数据。时间价值系统就好比扫描仪，我们可以用它对各种事情进行价值评估，形成重要的价值参考体系。

　　假如你有 7 天假期和 5000 元预算，会去哪个国家度假呢？只有财富价值系统的人，就会调出身体里的财富管理系统，通过计算车旅费、食宿费、游玩费等就可以快速得出结论，去欧洲旅行要以万为单位计算，肯定去不了的，但如果去泰国旅行，5000 元绰绰有余。这就是你的财富价值系统自动工作的结果，时间价值系统为我们工作服务时也差不多。

　　我们身体内建立的时间价值系统，实际上相当于做一切事情的底层基础，它相当于土壤。如果没有土壤，一切在上面的植物都是无根的。通过以上事例及结论，可以得出"时间商"不是"时间管理"方法的简单升级或者变相讲解，管理方法就好比别人给你的一朵很美的花，你每天看着它，提醒自己，要成为那朵花，而时间商的底层思维是土壤，帮你种出一朵花，让你成为那朵花。如果没有时间商底层思维，所有的时间管理方法就只是无根之草。

　　《道德经》里说道：有道无术，术尚可求；有术无道，止于术。由术入道，以道驭术。那么，道是什么？老子曰：大道至简。

世上绝大多数事情都符合"大道至简"原则。相似的，14世纪英国人奥卡姆提出"奥卡姆剃刀"定律，意思是，如果一件事有多种解决办法，那么最简单那个往往最有效，如同用剃刀精简再精简。时间价值系统相当于"道"，而时间管理方法相当于"术"，如果没有"道"，所有的"术"是立不住的。时间商也有它自己的底层思维，就是软生命思想。

人类无法摆脱时间的束缚，但因为生死，生命被分成了两个部分——"软生命"和"硬生命"。生命中不可摆脱的时间是硬生命，反之，即便生命结束了，能被人提及和记住的人，就证明他已经影响了他人，这就是软生命。大部分人根本没有意识到软生命的存在，更不知道通过自己有意识的行动去延长软生命，这就好像我们在参加生命中最重要的考试，你仅仅答完A面就匆匆交卷子，却没发现还有B面的加分题。软生命就像是人生答卷的B面，我们可以通过自己的努力来延长软生命，延长生命的宽度，为整个人生的答卷"加分"。为了能更好地理解硬生命与软生命，列举几个生活中的例子，并且关于它们之间的关系与意义，将在后面的章节中做更为详细的讲解。

上周一吃的午饭还记得是什么吗？最近出门穿过哪双鞋子，穿了哪几套衣服，跟好朋友聊过什么八卦，这些你是否还能想起？这些在生命中不能留下痕迹的东西难以延长我们的生命。

吃过那么多的晚餐，有没有哪几次让你印象深刻？逛过那么多次画展，有没有哪几次让你难以忘怀？那些你去过无数次的地方，你又能记得有多少事情是在那里发生的？有些记忆数十年后仍然难以忘记，这些忘不掉的东西就是属于软生命的范畴。

2019年国庆节，我刚从贵州做完公益回北京，落地已是半夜1点多，稍做休整就直奔天安门广场赴约5点半的升旗仪式。因为，六个来自青海玉树贫困山区的小客人正在那里等我，那一天我们要一起度过。在此之前他们对外面的世界了解很少，也不知道外面的人是怎样生活的。那天我们过得非常丰富，孩子们骑在我的脖子上看升旗，我教他们打网球，带他们吃西餐，看画展，练书法等等，晚上回到家，我又困又累，同时也失去了一天的硬生命，但我知道这一天的软生命我赚到了，因为六个小朋友和我可能一生都不会忘记这一天。所以，学会用软生命的概念看待一切事物的价值也是时间商重要的底层思维。

底层思维是可以通过后天锻炼形成的，但它不像技巧性思维那般容易训练。技巧性思维往往只解决单类问题，比如如何写好一篇新闻稿，拍摄一张星空图，画好一幅水墨画……这些技能的训练相对简单，但不够持久，因为知识总是更迭的，总有新的内容需要学习。底层思维不同，你所思考的问题，都可以靠它来解决，它是一个庞大的知识体系，你需要用很长时间深入思考才能形成你的底层思维，但它却是终身受用的。

学习并掌握底层思维可能是人生最有意义的投入产出比的

事情了，因为有时间商的人，就等于在内心中建立了一个比较完整的层次健全的思考体系，并且拥有哲学层次的价值信仰与社会使命感，具有这样思维模式的人，无论他人生的"硬生命"有多长，他的"软生命"都是会无限延长的。

底层思维决定着生活的方方面面，所有的底层思维相互作用组合，就变成了我们独特的思维体系。所以，想要改变自己，真正有效的方法就是改变底层思维，重塑思维体系。

这就需要刻意练习，时刻提醒自己，用新的底层思维看待事物。很多时候，正确的思维方式，比努力本身更重要。用时间创造价值提高时间商，同样需要底层思维。而这本书，就是希望能够帮助大家理解什么是时间商的底层思维，同时帮助大家用时间商去认知世界、思考世界，进而解决我们的所有问题。

量化时间

凡是存在的东西都有数量，时间也不例外。

时间可以量化，甚至时间商可以是一个具体的数值，你可能会觉得难以想象。事实上，一切事物都可以在合理的法则下量化，以大家都熟悉的概念"智商"为例：比如我们说一个人很聪明，别人听了可能会不信服，但如果补充说他的智商128，那大家就会普遍承认这确实是一个聪明的人。为什么呢？"智商"是从哪里来的？如何测出来的呢？我们把视角倒退到荒蛮时代，那时人们完全不知道智商为何物，更不用说去测量智商，他们只能朦胧感受到人与人之间的智商差距，用"聪明"和"愚笨"之类的词来表示。2000多年前，柏拉图在其著作《理想国》中写道："没有两个人天生是一样的，他们在天赋方面存在差异，一个人适合一种职业，另一个人适合另外一种职业。"这说明至少在柏拉图的时代，人们就已经开始思考个体之间能力存在

差异的问题。那么个体之间究竟存在多大差异？如何去衡量呢？大约在一个世纪以前，人们就已经开始试图评估心理能力的个体差异。1905 年法国心理学家就制定出第一个测量智力的量表——比奈－西蒙智力量表，迈出了量化人类"聪明程度"的第一步。其后，1936 年美国韦克斯勒编制了韦克斯勒成人智力量表（WAIS），儿童智力量表（WISC），适用 4—6.5 岁儿童的韦氏幼儿智力量表（WPPIS）。

比如我国采用的就是美国心理学家韦克斯勒编制的智力量表，通过心理测量可了解自己的智力水平、潜能所在，鉴定交通事故导致智力损伤，甚至可以为发挥自己的优势，科学填报高考志愿，优生优育等提供科学依据。发展至此，一个人的聪明程度不仅仅是可以量化的，更可以成为现实事件的评估标准。通过"智力测验"来测量智力已经像用温度计来测量温度一样自然。

经过探索和逐渐普及并最终被广泛认同的过程，一个抽象的概念就被量化了。那么究竟什么是量化？首先按定义来看：量化是对社会客体属性的数量化描述，以及用变量、指数、指示器来说明社会客体的属性和最简单的关系。简单来说，量化概念本身就包括"测量"的意思，就是用数量形式表示各种事物和现象。量化是我们描述和分析现象，从而洞悉其本质的一种科学方法。美国心理学家爱德华·桑戴克说：凡是存在的东西都有数量。这就意味着，即使是抽象的概念，也不例外，时间亦是如此。

人生充满一次又一次的"交换"，通过努力学习换取好成绩，得到去更好的学校的机会；长大后通过自己手中的资源，比如智慧成果，经济成本等换取自己需要的资源。所以，对于个人发展而言，要想在每一次"交换"后得到收获或者取得进步，我们一定要计算它的性价比高不高。这个性价比不只是金钱，也包括其他，比如会不会让你成长，会不会给你带来快乐，会不会让你满足，最终回到一个共同的问题：这件事情值不值得你为此付出大量时间？

因为对于任何人来说，时间都是最大的隐形财富。比如在职场上，当我们对公司产生不满情绪，想要跳槽时，其实就是在这份工作上投入的时间和得到的报酬不成正比，你感觉到自己的时间成本被浪费了。这就像投资股票，你会倾向于讲究成本控制的公司，一家不注重成本控制的公司，最后给企业带来的利润就会降低，作为股东的你，收到的分红就会减少，如果股价下跌，你还会损失一笔。

可以明显看出：时间就是我们做一切事的成本，应该并且可以被量化。

马克思说过：一种科学，只有成功地运用数学时，才算达到真正完善的地步。这说明了一个道理：一个理论即使说得天花乱坠，但是最终不能被大家量化应用，不能以数值的形式直接地呈现在眼前，就像是用竹篮打水，辛辛苦苦，却空手而归。

只有我们具备了把生活中万事万物分解并量化的能力，掌握时间商的本质，才能做出符合科学的、正确的决策，才能充分地去体验、创造、爱，最终真正握住通往幸福之门的钥匙。

时间价值的计算公式

用"A×C+B"生命价值计算公式做人生选择。

时间商，简称时商，又称 TQ，是认知、体验、开发和延长时间价值的能力，是我们认识生命价值的重要工具。时间商并不像情商、智商有一个标准的指数，因为它看不见也摸不着。虽然它很难用明确的数字去估计，但时间价值可以量化出来。

该如何计算时间的真正价值呢？时间商公式会给你清楚的答案，有了这个公式，我们就会更清晰地了解自己一小时或者一天的真正价值，从此打开时间商的大门。

$$时间价值 = A \times C + B$$

A 值，是经济值，即每个人的每小时薪资，也就是你的财富的自然价值；对于学生和已退休的人而言，就是指可支配收入。

B 值，生命值，是你自己考量生命的权重值。C 值，影响力值。

　　举例说明，如果你的年薪是 20 万元，每周工作 5 天，一天 8 小时，每周就是 40 小时，一年 52 周，也就是大概 2000 个小时，这样算下来，每小时的薪金应该是 100 元，也就是说，你每小时创造的劳动价值应该大于 100 元才有意义。那么可以自己比较，我们在单位时间内，是否创造了 100 元或者大于 100 元的价值。这样做不但可以规划自己的工作，也可以衡量你在工作中的价值。如果你创造的价值每小时都大于 100 元，那么你在工作中的地位会不断上升，反之如果你每小时创造的价值只有 100 元或者不足 100 元，那么善意地提醒一下，你的工作已经很危险了。也就是说，每小时的 100 元，就是你的时间 A 值，也就是你的经济值。这个算法很简单，是不是你的每个小时就值 100 元？只要别人付给你每小时 100 元，就可以雇用你做任何事，或者和你交换时间价值呢？好像又觉得有点不对劲了吧，难道我的一小时就值这么点钱？如果你产生了这样的想法的时候，恭喜你，你的时间商已经开始觉醒了。A 值只是一个人的自然劳动价值，但是从生命个体角度来讲，你的价值还有两个重要的值那就是 B 值和 C 值，我们先来说 B 值也就是前文提到的生命值。B 值的价值是远远大于 A 值的，这是因为每个人的生命筹码是有限的，而财富是无限的。

　　为了测算你的 B 值，来做一个测试。假设你的年薪还是 20

万元，一生的财富总值我们暂且设定为20万元的50倍，即1000万。当你在生命的最后一天，医生突然告诉你，现在有一种药能让你多活180天，但需要你填写你愿意给出的财富比例去交换这180天。你愿意用你财富的多少，去做这个交易？

A. 100%　　B. 50%　　C. 30%　　D. 0

如果你的答案是30%，那就是300万，以此可以测算出你每个小时的生命价值：

1000万 × 30% ÷ 180 ÷ 24 ≈ 700元

也就是B值大约是700元，相当于A值的7倍。

之所以有ABCD四个选项，那是因为，生命值本身就是一个权重，生命之宝贵毋庸置疑，但是其宝贵程度在每个人的心中所占的分量依旧有所区别。所以B值，是一个权重值，每个人的权重都是不一样的，如果你把生命价值判断得很高，你就会得到一个较高值，如果你不是那么看重，你就会得到一个较低值。从这个角度来说，B值实际上就是你对自己生命重要性的判断。

权重是一个很私人的话题，却又是个非常重要的关键词。例如，选男朋友时，常见的考虑因素有相貌、教育背景、收入、脾气等。我们只选相貌和财富两个标准做一个简单的例子。假设小美和小静都在找男朋友：

小美的权重比分配如下：

第一个标准：相貌，权重80%。

第二个标准：财富，权重20%。

小静的权重比分配如下：

第一个标准：相貌，权重20%。

第二个标准：财富，权重80%。

假如小美和小静同时遇到了相貌英俊，家境收入一般的男性Jack，她们根据自己的权重分配比，对Jack产生的印象分，是截然不同的。如果以10分满分制计算，Jack的相貌，在大众眼中相当于9分，财富在大众眼中相当于5分。按照小美的权重分配，相貌权重80%，Jack的相貌分就是9×80%=7.2；财富权重20%，Jack的财富值是5×20%=1，那么Jack在小美眼里权重值就是7.2+1=8.2。

再来看小静的权重分配，相貌权重20%，Jack的相貌分就是9×20%=1.8；财富权重80%，Jack的财富值是5×80%=4，那么Jack在小静眼里权重值就是1.8+4=5.8。

同一个人，在不同标准的两个人眼中，就会有完全不同的价值。权重就是我们打分的一个参考值，你自己看重，值就高，自己不看重，就不高。

权重让我们更清楚自己对某件事的态度，以及什么才是自己真正看重的。因此，你需要清楚自己的权重分配，这样你就知道如何做出选择。可以说，学会使用权重是选择困难症的最佳"药方"，当你左右为难，犹豫不决的时候，用量化的方式来处理问题，定然会柳暗花明。

说完了 B 值，你可能已经发现劳动值 A 值并不是自己一个小时的真正价值，别着急，我还要给你一个 C 值，也就是你的影响值。

我们身处在社会之中，没有人是完全孤立的，每个人的一举一动都在影响着别人，只是这个影响力有大有小，可以只影响你的配偶或孩子，也可以影响你班里的 50 个学生，那么这个影响力的值就是我所说的影响值。影响值怎么计算？

按照我们之前说的格子理论，并不是每一个人，每一件事，都永远值得我们铭记，或者说都值得我们画在格子上，只有那些至少十年之后，还有人记得，还有人因此受到影响的事情，才真的具有影响力。比如，每年你妈妈过生日，你都只是陪她在家吃一顿饭，但是唯独有一年，你想起妈妈很喜欢大象，就想办法让这件事实现了——带妈妈在象舍旁吃生日午餐，妈妈非常惊喜。这次独特的经历，即使再过十年，你和妈妈也不会忘记，那么这个影响值就是 2；你们正在用餐的时候，恰好有 30 位游客看到了这样独特的生日，其中 10 人在十年后依旧记得，那么影响值就是 12；此时碰巧遇到电视台节目组在做动物园报道，看到了你们，采访并在城市新闻中播放了你和妈妈的"象舍午餐"，假定该节目的收视率为1%，一般有10万人固定收看，其中1%的人，十年后依旧记得这个新闻，那么影响值就变成了1012。

关于C值的计算，首先，这件事要有足够的值得记忆的地方，能够去影响别人；其次，这件事由几个人完成，要用这个权重值除以人数，也就是你在这件事中占的权重影响；最后，这个值是成倍数扩大的，所以影响了几个人就要以乘法来计算，也就是通过上面我们的计算所得出来的C值。

知道了A、B、C值之后，就容易看出公式中最关键的点并不是财富，而是影响力。当不知道如何做选择的时候，就直接看哪一个C值最大——人生的目的是体验、创造、爱，怎样选择能够实现它们。

生命扫描仪

将"扫描仪"植入身体里，为自己的生命增加
一个判断标准。

时间商不同于大部分时间管理方法的最根本原因在于，我们
并不只是在计算 A 值。可是大部分人对自己的认知，只停留在
A 值上，却看不到 B 值。因为 A 值可以最简单最直接地让我们
看到效益，而 B 值是隐性的。

举个简单的例子，我们衡量一个人的工作好不好的标准常
常是月薪的高低，可是很少有人关心，因为这个月薪他要付出
多少工作以外的生命值，他拿着每月几万元的薪水要承受多少
压力，又要牺牲多少休息的时间。这些牺牲通常会被理解为高
收入带来的必然结果，但是这些都是他的生命 B 值，也就是说，
他用生命在工作。从现实来看，我们已经把 AB 值的这个关系弄
反了，应该先有 B 值的概念，对自己和生命价值定位，寻找更

加匹配、给予我们更高 A 值的工作，而不是因为 A 值高，就要牺牲 B 值，那样是不利于生命整体成长的。搞清了 AB 值的关系，要提高我们的时间价值还要考虑 C 值。因为真正决定一个人的生命价值和时间价值的是要看这个人所做的事情，是否对自己以外的人产生了良性影响。如果一个人的 AB 值都很强大，可是他的所作所为都是围绕着自己进行的，那就有点自私了，他的 C 值就会很低。

A 值是显露的经济值，B 值是隐蔽的生命值，C 值影响力越大生命价值越高，理清了这个关系，我们的身体就会像植入了一台扫描仪，当你衡量一个人或一件事的时候，这个扫描仪就会自动开启，用你提前输入的标准（你自己的权重值），计算出这个人、这件事，是否值得你投入当下的时间，投入了时间，又能否在你的格子上画下一笔。因为时间的投入就是生命的投入，只有让生命的投入换取最大价值，才有意义，这也就是时间商底层思维的秘密。这个前提，时刻鞭策我们，提高 A 值和 B 值固然重要，但更重要的是要将 A 值和 B 值向 C 值转化。

再举一个简单的例子，假设一个商人赚了很多钱，他也懂得要扩大价值，所以他的 A 值和 B 值都非常高，但是他自私冷漠，从不关心他人，为了赚钱不择手段，也就是说他的 C 值很低，经过计算，他的时间价值依然很低。相反，曾经有新闻报道过有一位老人，退休金每月只有 4000 元，平时拾荒赚钱，可见他的 A 值不高，但是老人省吃俭用，把钱都用来资助贫困大学生。老人以一己之力，改变了几个学生的命运，也可以说是改变了几个家庭的命运，当这些大学生完成学业后，将会用自己学到的知识在各自的岗位做出有影响力的事，也会有人因为老人的善举，当自己有能力回报社会的时候，把爱心也传递出去，继续资助其他贫困学子，帮助更多的人，改变更多的家庭……他们都是老人的 C 值，虽然老人的 A 值不高，B 值有限，可是他的 C 值却不可估量。

一个人的生命价值到底有多高，不是说他有多少钱，他有多在乎自己的生命和自由，而是他的所作所为能影响多少人，能给多少人带来正面影响。

从这个角度理解时间商，其实更是一种"道"，一套人心向善的体内自循环系统，而不仅仅是一个时间管理方法。

我们要想让自己的人生变得有价值，不沦为时间和金钱的奴隶，就不要只低头看自己现下能赚多少钱的 A 值，而是要多算算隐藏的 B 值，然后尽量让 A 值向 C 值去转化，才能获得更高的生命价值。

生命的价值越高，时间价值也就越大，选择去做有时间价值的事，或者时间价值更大的事，才能让我们的时间商不断提升。

A×C+B 这个生命价值计算公式，可测试我们在学习、生活、工作中的时间价值，甚至可以用它做人生选择。来看几个常常会困扰我们的选择题。

案例 1：应届毕业生，是直接上班，还是考研？

先来看选择考研的情况：

A 值很低。

B 值是自己的生命权重，是否考研不受影响，可以暂时看作是一个定量。

再看 C 值，研究生毕业后，学习能力、思维水平和认知能力都得到了大幅提高，因此可以去做很多积极、正面的事去影响别人。

如果不考研：

现在工作，A 值就是你目前可以找到的工作的薪水。

在这类比较中，B 值可以暂时设定为一个定量。

C 值，可以预判，考研前，你可以做什么？这些事情是否会给家人或者更多人带来积极影响？

那么面对是否考研这一问题，你就可以通过自己的生命扫描仪，计算出结果来衡量。

案例 2：要不要为了工作熬夜？

这是现代人总要面对的一个无力的问题。当看到朋友圈里的青年才俊过劳而死的话题时，每个人都清楚，熬夜是在透支自己的生命。在繁重工作和身体健康中该如何选择呢？依旧可以启用生命扫描仪，但首先你要明确的是：你加班工作时，更注重 A 值、B 值还是 C 值。

以我自己为例，我也会熬夜"加班"，但是和大家理解的普遍意义的加班不同。有一次为了参加四川大凉山 100 个孩子的开学典礼，我和伙伴们连夜在山路上开了十个小时的车，给孩子们带去了他们需要的学习用品和一堂令人印象深刻的有关人生幸福的课。这次经历，可能会使这 100 个孩子中的很多孩子终生难忘，同时，因为这次产生了很大的影响力，所以我的 C 值就很高。相反，如果你的工作内容只是把白天未做完的工作从办公室带到了家里，牺牲了自己的 B 值，换取更高的 A 值，可无论怎么增加都没有向 C 值流动，这种以牺牲自己生命值和身体健康为代价的加班就不值得提倡。

熬夜本身不利于身体健康。但是如果你熬夜加班做的是高值的东西——高影响力值，高记忆点，高闪光点，可以为社会带来正向的长久的稳定的进步，这就是值得的。这个标准依旧来自你体内的扫描仪根据你的权重计算后的结果。

有了时间商公式这个生命扫描仪，生活中许多事情就会多一个重要的判断标准。当然，这个扫描结果并不是一个绝对值，我一直和大家强调，时间商这是一个植入生命的思维体系，而不是简单的管理方法，也是因为，这种扫描计算是因人而异的。你要用自己的权重去衡量判断，而不是只有唯一的答案。这个扫描仪帮助你做相对理性的选择，而不是为未来后悔留下借口。

第二章

管理时间
时间资本主义

时间资本主义

花钱购买"时间"，用节省下来的时间创造高生命价值。

"时间就是金钱"，关于时间的格言，伴随着人类的发展一直存在。随着科技的发展，时间的"距离"被强烈缩短，人们常常感叹："时间都去哪了""时间过得好快"，这就说明时间这种越来越稀缺的资源已经成为新的资本形式。在这个全球化、统一化的社会中，时间商已经变得越来越重要。

马克思在《资本论》中写道：剩余价值是雇佣工人所创造的并被资本家无偿占有的超过劳动力价值的那部分价值，它是雇佣工人剩余劳动的凝结，体现了资本家和雇佣工人之间剥削与被剥削的关系。所以从某种角度来看，社会越发展，社会生产的剩余价值就越大，社会就越进步。也就是说，谁获得了更多的剩余价值，谁就获得了更多利润，这是资本主义的基本逻辑。

但是当我们的时间商思维被逐渐唤醒，会发现所有人都已经身处在一个共同的社会模式之下——时间资本主义。

如果我们能够获得更多的剩余时间价值，必然能够在新型无边界的社会中获得更多利润。而如果对于时间以及时间的价值我们还没有通过时间商取得正确的认识，无形中我们的剩余价值就会被更多的人剥削。

比如，每天午餐一小时，如果我们选择带一个便当或者三明治在办公室15分钟就解决了，那么剩下的45分钟对你来说就是一个剩余时间利润，你可以选择读书、睡觉、玩游戏、打电话、发邮件，甚至线上购物等任何可以让你放松休息的事情，你也可以选择用一个小时时间和同事A一起去新开的餐厅一起品尝美食，但是吃饭时你都在听A抱怨上司的不公、同事B的小气、女明星又分手了……很明显你的午休剩余的时间，已经被A无情地剥夺了。

"时间资本主义"从我脑海中第一次跳出来的时候，是多年前听到一个小同事在讨论要和闺蜜一起去迪士尼，因为人很多，排队需要很长时间，所以她们讨论的焦点是是否要购买VIP免排队贵宾套餐。我当时用时间商算帮她做了一个扫描。购买VIP免排队贵宾套餐，单纯从A值来看，要多花钱，但是它却提升了B值，当你在游玩时，能够快速体验快乐，避免了等待时间过长让快乐感打折，从而降低B值。节省下来的时间又可以畅玩更多的项目，体验更多的快乐，B值得到更大的提升。

因为快乐感明显突出，这件事还可能提升她和闺蜜的 C 值，所以表面看会多花一点钱，但是这个钱物有所值。相反，如果节省了 A 值的钱，貌似多排一会儿队而已，但实际上等待会让人的心情异常烦躁，影响玩乐的心情，就会让玩乐意愿大打折扣。如果快乐被打折，那很可能连购买基础票务的钱都是浪费的。对于一个精力旺盛的年轻人来说，节省下来的时间还可以继续创造更高的生命价值。

例如，日本出了一种新的洗衣液，非常畅销。畅销的原因不再是以往人们关注的"省水""干净""清香"等洗衣液的本身属性，而是"省时"。可见，即便是对于最有时间的"主妇"们来说都已经对时间开始有了新的认知，肯花钱购买时间了。虽然时间价值并没有被明确地提出来作为卖点，但显然，这就是时间资本主义中简单的利润。

在资本的社会中，我们工作，老板付给我们薪水，天经地义，两不亏欠。但在时间资本主义时代，如果你有明确的时间商概念，就会发现，老板给予的报酬与你工作创造的价值可能并不对等。

前面讲到，时间价值是由 ABC 值共同计算得来的。因此，你花在工作上的每一分钟，其实都是生命，而你获得的却只有 A 值。你去创造价值，其实是想拥有 B 值和 C 值，结果只注重了 A 值。作为创意性工作者，你的一个观点被公司采纳，是你在 A 值时间内创造的 C 值，可是老板却只付给了你 A 值，而你的 C 值作为时间资本主义时代的剩余价值，被老板赚取了。还以这件事为例，当一个普通文案工作者，上升为创意总监后，他再去衡量自己的工作价值时，一定会与之前不同，会考虑到自己创造的 C 值，这就是潜意识中时间商觉醒了。

从这个角度看，是否意识到自己的时间价值被剥削，是否意识到我们已经来到时间资本主义时代，会成为造成贫富差距的一个重要原因。

人类的进化从一开始就伴随着时间商潜意识的基因进化。在远古时代，人类还没有时间的概念，随着人类掌握了四季轮换、昼夜更迭的秘密，也就从游牧进入了农耕，但是耕作时间相对固定，而剩余时间相对自由，于是人们通过不断的努力，让自己的单位时间不断提升，也就是 A 值最大化。随之人类进入了工业时代，机器比人更快地创造价值，和时间赛跑，可是问题随之而来，人们被固定了工作空间，再次失去了"自由"。

即便科技再发达不能让人类长生不死，所以本质上生命无法摆脱时间的约束。问题又抛回来了，不能改变时间和生命，但可改变生命的价值和意义，创造更多的 C 值"延长"生命的倍数。

进入时间资本主义时代后，重新认识时间，就要启动体内的时间扫描仪，提高自己的时间商意识，不只要扫描个人的时间价值，更要扫描你是在为自己赚取生命价值，还是被剥削生命价值，这样才能保证做正确的选择，及时止损。

时间商的复利

时间是你进行"投资"的守护神。

人生是一座山，每个人都是登山客，单一的价值观，会让我们付出很大的代价，成功率却很低，而多元的人生价值观，即便不能达到最高的山峰，却可以让我们在每一个高度都将人生过得非常丰富。比如开车，你本质上需要的是车的一个基本的代步价值，你可以极力追求买很贵的车，也可以在能力范围内买很便宜的车，这两个选择的性价比是不一样的，但最终你享受的都只是"车"的工具价值，而舒适度、美誉度这些都不是核心价值。如果在买车这件事上，不追求爬到最高处，而仅仅是爬到能力所及的"半山"，剩余的能量和价值，就可以投入到更多的事情中去，追求半山，可以享受更好的生活。从长远的利益来看，会产生难以估量的巨大价值，这就是"时间商的复利"。

什么是复利呢？简单地说，做事情 A，会导致结果 B，而结果 B，又会反过来加强 A，就这样不断循环。

假设一张 0.04 毫米厚的普通纸张足够大，将其对折，再对折，如此重复对折 64 次，大概会有多高？很多人会想，一张纸才多厚呀？薄薄的一层，几乎可以忽略不计，对折 64 次，也就几层楼那么高，大概是 10 米或 20 米？这已经算是极限了。如果你算一下的话，一张薄薄的纸，对折 64 次，其高度是 73786976.3 万公里，这个高度是什么概念？地球到月球的距离，才 38.4 万公里。这就是复利的力量。

什么是时间的复利呢？ 按着时间价值计算的公式，你投入的时间，可以持续不断为你带来价值，就是时间复利。比如，你每天用一个小时健身，这一个小时里你的 A 值可能很低，表面上没有创造任何经济收入，可能还要投入金钱，但是根据你对 B 值，也就是生命值的权重不同，健康的体魄可能是你最为看重的，而且随着年龄的增长，同龄伙伴们有的人可能会生病，而你因为健身拥有健康的体魄，儿女也都毫无负担地奋斗在各自的工作岗位上，没有压力地创造价值……他们的生活也就因你的健身而受益，你健身的 C 值虽然只存在于家庭中，但是可以让你和家人长期得到持续的积极影响，那么你每天投入在健身中的时间，就获得了复利价值。

类似的，通勤途中，你会选择刷手机、放空，还是有计划有目标地利用碎片时间学习？很多人可能会觉得路上的时间能学到什么呢？这就忽视了时间复利的巨大能量。例如，你最近正在准备英语四级考试需要背 4000 个单词，假定你每天利用路上的时间可以背 100 个，那么，只需要 40 天就可以背完整个词库。这样一个简单的行为改变，就可以让你在之后的考试中更有把握，而且会在日后的学业和就业中产生积极影响。

在财富积累的过程中，我们都会考虑复利，当有了盈余资金，就会希望能产生复利，哪怕很低的复利，长时间之后也可以收获一笔可观的资金。如果我们将时间视为一种货币，有没有考虑过，让每一分钟都过得有价值，当时间出现盈余的时候，也把它们投入到能够不断利滚利的投资中，让时间也不断地产生复利价值？

经济学家有一个公式可以表达复利效应：

$$(1+R)^N$$

R 代表你正在做的事的回报率，N 代表时间。

按照这个公式，财富的累计应该是一件很容易的事情，但为什么真正的富豪屈指可数呢？这里有个很大的误区：

很多人认为复利的核心在于回报率 R，但其实复利真正的核心在于 N——时间。即使每年 5% 的回报率，100 年后，也是一个大到令人不可思议的数字。现实是几乎没有人能坚持做一件事 100 年。这又和我们说的生命价值体系很像，很多人都以为自己看得见的 A 值是最有价值的，却不知道隐藏的 B 值往往比 A 值更大，更不知道影响力 C 值的巨大效应。

复利效应的核心，是高收益率及时间长度，因此要提高"收益率"并延长"时间长度"。

作为世界级富豪，巴菲特 50 岁之前，只是一个中产阶级，他当时所拥有的财富不过是他一生中财富的 1%，而他财富的 99% 都是在他 50 岁之后获得的。巴菲特总结说："人生就像滚雪球，关键是要找到足够湿的雪和足够长的坡。"因为他懂得利用财富复利，并且深谙人生价值体系，所以他的财富量级越来越高，影响力越来越大，C 值也在不断提高。无形之间，他的财富复利和时间价值复利同步提升了。所以 50 岁之后，巴菲特所享受的不仅仅是他的财富复利，更是他的时间价值复利。

这不同于我们听到过的有人拿着几十年前的"巨额"存款单，却发现因为历史原因，财富反而贬值，或者有人在几十年前就从事某项经营成为"万元户"的小本商人，随着时代发展不但没有成为富豪，反而更加贫穷。这些常常被我们当成故事来听，但其本质是只看到了财富复利，没有将时间价值复利考虑进去。如果我们可以保证自己在单位时间内所做的事，是持续让我们成长和增加正能量的，那么长年累月保持下来，我们的人生也会发生翻天覆地的变化。

假如我们每天成长1%，那么一年之后，我们就会成长大约38倍，相反，如果我们每天倒退1%，那么一年后，就完全"开倒车"了。

用算式来表达就是：

$$(1+0.01)^{365}=37.8$$
$$(1-0.01)^{365}=0.03$$

即便不能每天都坚持进步，但至少应该带着时间商的思维，去寻求复利价值，从而我们可以知道，哪些事情更值得去做，更值得去坚持，说白了，就是更值得去花时间。

我们可以把花费时间做的事情按照投入价值和产生复利的关系分为：高时间高复利、高时间低复利、低时间高复利、低时间低复利四个象限。

象限一：高时间高复利

需要投入大量时间去做的事，但是可以产生高复利或者产生复利的可能性极大。比如，接受完整的高等教育、学习某项足以谋生的技能、锻炼身体、寻找真爱等。以滑雪为例，滑雪是一项相对专业的技能，能给我们带来很多乐趣。滑雪季开始的时候，你可以投入时间和金钱学习滑雪，比如请教练、购买滑雪装备等等，有的人会因此算一笔经济账，觉得费用和时间成本都太高了，所以就会放弃学习该项运动。其实这笔账可以这样算，虽然学习滑雪投入了时间和费用，但是你学会了一项运动技能，今后的每个冬季，都可以享受到滑雪的乐趣。如和朋友一起滑雪享受社交的乐趣，教别人滑雪享受分享的乐趣及成就感，等等，而且该项技能将受益终身。所以，学会该项技能，你获得的时间价值非常高。反之，你将失去滑雪这项运动技能带来的一切乐趣。通过这个例子，我们将明白，有些事情虽然开始需要投入很多的时间和精力，但是最终能获得很高的复利。

象限二：高时间低复利

需要投入大量时间或精力去做的事情，但是却不一定能够获得复利或者复利效果很小。比如沉迷某种不良嗜好，花费大量时间和金钱玩网络游戏，甚至赌博……这些可能会让人上瘾，且需要不断投入大量时间精力去做，却对我们的人生没有正面的影响，更别说复利效果了。

象限三：低时间高复利

投入时间不多就可以获得高收益高复利的事情。比如：读山下英子的《断舍离》，花费的时间并不多，但是能带给人良好的复利收益。或者，你认识了一位很有智慧的朋友，与他共进午餐花费的时间很短，但却能给你的人生带来非常高的复利收益，产生持续深远的影响。所有当下看似不起眼的时间投入，只要选对了方向，经年累月，就会使你的人生产生质的变化。

象限四：低时间低复利

做一件事，虽然花费了较少时间，但是产生复利的可能性不大，或者复利值很小。比如刷微信朋友圈，看各种短视频，关注明星八卦等。虽然投入的时间很少，但是对我们的人生毫无益处，也就是说浪费的这些碎片化时间，也是一种人生的浪费。

我们如果只做需要投入大量时间的事情，那么一生中能做的事情的数量自然就会减少，体验就会随之减少；如果只做高复利的事情，虽然收益会很大，但是会让我们变得太过功利。每个人的价值观不同，但最终都是追求生活幸福、灵魂自由。四象限法给出的只是合理选择的建议，关键要由个人来平衡，到底哪些事情会产生高价值，哪些事情值得投入时间，因个人感受而异。当然，这个"感受"牵制着个人的选择，最终能否产生复利，取决于能否长期坚持。所以，时间商并不是解决问题的灵丹妙药，而是全新的思维逻辑，就像四象限法归纳的一样，时间商本身就会带来高价值高复利。

因此，当我们的体内有了生命价值体系概念之后，做任何事情之前，就可以启动生命扫描仪，先扫描一下，看看这件事情属于哪个象限，需要投入多少时间，是否能够产生高复利。当时间不够用的时候，还可以用这个方法选择一下优先级。我们常说时间就是金钱，可是钱却买不到时间，但是如果你具备时间商的思维，就会发现，其实时间商和金钱之间的关系，也可以用四象限法归纳。学会用四象限法分析和做决定，那么所要做的事情就会一目了然。

时间投入和复利的关系让我们清晰地知道时间商的重要性，它能帮我们解决生活中各种各样的问题。除了表面可以算的"账"，还可以计算获得生命价值的高低，从而为你的投入再次排序。

象限一：高金钱高生命价值回报

时间是宝贵的、无价的，花钱买别人的时间帮自己做事，既符合时间商规律又符合经济学规律。比如，雇司机帮自己开车，表面上看这种雇佣关系会花费金钱，但是实际上解放了自己，可以把这些时间投入到比开车更有生命价值的事情中去。再比如旅行，如果只算经济账的话，支出是大于收入的。但是从生命价值的角度看，一次难忘的冰岛极光之旅不仅获得了区别于日常生活的体验，人生也有了美好回忆，最终还增加了生命价值的格子。因此有些事情虽然需要高金钱投入，但它的生命价值回报也是很高的，值得我们长期投入。

象限二：高金钱低生命价值回报

时间商思维希望我们把时间都用在更有价值的事情上面，如果只是在不断地重复同样的事情，没有创新和突破，就是在浪费时间。如永远去同一种风格的餐厅吃饭，这属于为高度同质化的事物买单，既需要花费很多精力和金钱，又不能真正提高时间价值。重复做同一件事情，等于 A 值、B 值保持不变，虽然花的钱一直是一样的，这件事在你的生命中的权重值也一样，但它不会让你的生命更加丰富，所以这件事带来的生命价值回报是很低的。

象限三：低金钱高生命价值回报

是否花钱雇钟点工帮自己打扫卫生，打车还是坐公交车上班？既是一种生活习惯，也是一个经济问题。自古以来，勤俭节约是我们的优良传统，如果你在单位时间内创造的财富价值，远远超过雇钟点工和打车花费的钱，这种节约就不符合时间商。比如花 150 元钱雇一个钟点工打扫家务，所用的时间是 3 个小时，而我们被解放的这 3 个小时，可以去做一个价值几千万的策划方案，又或者说我们的时薪远远超过钟点工，那这种低金钱的投入，就是高时间商的体现，自然会有高生命价值回报。

象限四：低金钱低生命价值回报

生活中很多人容易陷入象限四的陷阱——冲动购物。如商场打折或者电商在大的节假日进行的促销，好像我们可以占很大便宜，实则冲动之下购买的很多东西可能是无用的，甚至我们花在比价、凑满减、计算玩法等方面的时间成本的价值，要远大于我们从中节省的钱。虽然投入的 A 值很低，买东西这件事的生命权重 B 值也不高，但是同样这件事带来的影响力 C 值也很低，所以生命价值回报不高。

有了这种新的象限分类法，我们就可以扫描自己所做的事情，明确哪些是可以增加生命价值回报的。任何形式的可以增加生命价值的事都值得提倡，值得投入精力，日复一日地坚持做下去，从而获得高生命价值回报。

时间价值最优化

管理失控的时间就像将野兽驯服成了宠物。

时间是无可争议的稀缺资源，如果要让这种稀缺资源价值最大化，就需要提高效率或者提高价值。那么，具体该怎么做呢？

建立赔率概念

什么是赔率概念？赔率是科学、客观反映对一件事结果预测的数据形式。当我们计算出这件事的赔率，再去考虑我们做这件事的投入成本——时间价值，你就会衡量出来做这件事所投入的时间价值是否最优化。值得注意的是，赔率同样是时间商中的一种思维模式，是你自己价值体验的一个权重。

那么什么样的事情是赔率高的事情呢？所有能够带给自己深刻印象的事情，能够给身边的人甚至陌生人带来深刻正面印象的事情，能够产生深远意义的事情，能够让大家更多地记住你的事情，也就是能够增加我们C值的事情，都是赔率高的事情。

敢于与众不同

要想让时间价值最优化，就要敢于挑战自己，尝试新鲜事物。有时，我们谈到一位杰出人物时，会说他为人类的文明发展做出了杰出的贡献，是行业内最杰出的代表，等等。那么，什么样的人才能称得上杰出呢？杨澜曾说："万无一失意味着止步不前，那才是最大的危险。为了避险，才去冒险，避平庸无奇的险，值得。"也就是说，不能让自己陷入舒适圈中，过得过且过的生活，要让自己跳出固有的环境，打破固有的认知，与时俱进，不断学习成长，做那个与众不同的自己，逐渐实现自己的人生价值。

和时间算账

在人生有限的时间里，每个年龄段有每个年龄段的追求和责任。要想人生有长度的同时，还要有宽度，就要时常为自己的人生算算账。

省钱 or 省时间

我们已认识到时间商的重要性，希望大家花钱买时间，而不是花时间去省钱。提高时间价值的同时，更要看到时间背后的金钱价值。

比如逛街买了一双鞋，很多人通常的做法都是拎着新的鞋子回家。但是我通常的做法是将新的鞋子直接换上，然后把旧的丢到环保箱里。是不是太浪费了？原来那双买的时候还很贵呢？

即便原来的鞋子是出自大牌设计师之手或是国际品牌，可是经过我们穿着之后，这双鞋子的价值已经变化了。如果我们现在出售，可能没人会花一块钱买一双别人穿过的鞋子，如果依旧把它拎回去，储存、保养、比较、搭配……那就既花费了买新鞋的钱，又浪费了花费在这双旧鞋上的时间，除非这双鞋子对你来说意义非凡，否则大可不必如此。

比如，午休的时候吃饭，上班族们既没有足够的时间在外面吃，又不想窝在办公室啃面包，他们会选择去外面打包回来吃，可能首先大家会考虑往返于店铺和办公室的时间、买回来打开包装的时间、吃的时间和吃完以后收拾垃圾的时间等等，时间也并不短，当然还有另一种选择，那就是线上订餐。如果选择后者，那些第一时间出现在人们视野中的商家一定比反复搜索挑选占用更多时间的商家生意好，而味道和价格可能是人们次要考虑的问题。

空间和时间的关系

时间商在考虑时间价值的时候，不能忽略的一点是，时间的空间价值。比如我们要去某地做一件事情的时候所计算的成本，一定包括到达这个地方的金钱成本和时间成本。金钱成本是我们乘坐交通工具的成本，时间成本其实就是空间距离。

提高时间价值缩短空间距离是不可避免的一环。现在的CBD，人们为了工作方便，会选择在工作地点附近居住、购物、学习，这就会导致这一地区的物价有所提高，虽然舒适化高效化有所提高，但是做这件事的性价比就降低了。比如在CBD工作的两名白领，工资都是10000，甲为了节约时间，提高舒适环境，在附近租了公寓，月租4000，而乙为了节约开支，在车程一个小时之外的地方租了房子，月租2500。那么甲的工作成本就比乙要高1500。可是我们一直是提倡节约时间的啊？但是大家一定要走出的误区是，被节约的时间要投入到有价值的事情上，时间才会有价值，如果甲每天下班回家就是看电视打游戏，而乙每天都在公交车上听书学习，那么乙貌似比甲上班多花了时间，依旧是高时间商，是明智划算的选择。所以在我们探讨如何将时间价值最优的时候，绝对不是单纯从某一个值来考虑，而是综合提高，你看那些在电车上专注于电子书的人，在咖啡馆里盯着笔记本电脑屏幕的人，可以说是与周围隔离，在意识中创造出一个只属于自己的空间。将公共场所当作假想中的客厅或者办公室，就可以在宽敞的空间里舒适地度过时间，其实都是在用空间和时间价值做衡量。

时间银行

时间如同黄金一样，可交易、存储，需要时提取。

什么是时间银行

由于各国之间的金钱汇率不同，所以为了方便兑换计算，英国曾经提出"金本位"，简单说就是用黄金来衡量货币制度，也用黄金平衡着金钱的真正价值。但事实上，黄金，依旧没有摆脱"金钱"影子，本质上它所能衡量出来的只是一个 A 值。真正公平的，一成不变的，又让我们无法摆脱的制约只有"时间"。

如果时间就是金钱，那么在时间资本主义中，这条金科玉律就更具分量。"时间"就如同黄金一样，虽然人类的平均寿命在不断提高，但人类永远无法摆脱时间的制约达到长生不死。金钱可以用来交换有价值的东西，也可以用作本金获得更多的金钱。时间虽然是单向流逝不可追回的，但是时间的价值却可以计算，并不断提高。这也就是为什么我们一定要让自己的时间商觉醒。没有时间商的时候，我们只能看着时间一去不复返，悲春伤秋，感慨日月如梭，可是如果我们有时间商的概念，就会更加积极地去计算时间的价值，考虑如何投入，如何增值，怎样产生复利……时间真正变成和黄金一样的"本位"。

事实上，在时间资本主义中，会有一个无形的银行，时间如同黄金一样是恒定不变的衡量标准，可以交易，可以存储，可以计算利率，在需要的时候，提取时间。但就像钱在不同人的手中，会有不同的使用方法，两人同样都有10000元，他们购买的商品和服务也不会一样，钱在社会中能够换取的价值并不相同。时间虽然对每个人都是公平的，可是时间商不同，人们对时间的看法不同，同样的时间对人的价值也就不同。

美国人埃德加·卡恩最早在1980年的时候就提出过"时间银行"的概念，希望能为社会变革带来一些经济和精神效益，根据这种模式，劳动不分贵贱，每个人的工作都是平等的。这非常类似于马克思提出的"价值实际上无形的时间"。他还设计了时间银行系统，通过电脑把每个工作者的工作时间或接受服务的时间都按小时记录下来存进时间银行，当自己遭遇困难时就可以从中支取"被服务时间"。现在一些地方"互助养老"采用的就是这种时间银行的应用。在我们身体健康，行动自如的时候，可以参与到志愿者服务中，为居家养老的老人们提供服务，而等我们自己老了的时候，就可以获得年轻人为我们提供的服务。

在文学幻想中，时间银行也存在。米切尔·恩德在童话《毛毛》中，描写了时间窃贼灰先生打着为人们着想的幌子，用各种手段劝说大家把自己的时间都存储到银行中，人们信以为真，都想着节省时间，存入银行，希望以后生活得更好。结果，人们除了必要的工作，什么都不敢做，节省的时间越来越多，生活却变得越来越贫乏，人也变得越麻木和冷漠。

对于存贮时间，人们一直充满了渴望，如果要把时间本体进行存贮，恐怕也只能停留在科幻世界了，互助服务式的时间存贮，也只是表面的时间交换。但是时间的价值却完全可以存进无形的时间银行。如果想让时间价值产生利润，可以按着我们的需求存储、提取，那就更多地要在 C 值上做文章，这时候又要用到我们前文提过的时间商扫描仪了。

哪些时间值得存储

银行，既能存钱，也能取钱。在时间银行里也是如此，时间商不光让我们能够优先选择更有意义更有价值的事情来做，也可以把时间存进银行里，等需要的时候把它们取出来。

举一个最简单的例子，我们身边有多少人，觉得"小病靠挺"这句老话有道理。头疼发烧，颈椎难受，牙龈肿痛，这些并不会危及生命的小病痛通常都因为我们觉得麻烦，浪费时间，挺挺等它自然康复。当然，我们的身体有强大的自愈能力，但在带病工作的时候，所有的事情已经降低了效率。平时需要一个小时就能完成的事情，可能拖拖拉拉一个上午都没完成，平时要做的比如健身、约会这样带给我们身心愉悦的事情也只能取消。更可怕的是这个"挺"可能少则两三天，多则两三周，仅仅是因为我们觉得排队看病麻烦浪费时间。可是反过来看，现在到医院看病确实有很多难点，排队就是大家最怕的，可是以上小病，最多半天也能看完。两个同样生病的人，A及时请假耽误了半天的工作去看了病，打了针，下午就生龙活虎地回到了工作岗位；B看似爱岗敬业，坚持带病工作，但是工作效率降低，作为项目负责人，直接导致项目其他人工作效率也降低，这种状况可能在两天后，身体全部恢复才调整过来。其实，A就等于把看病的半天时间存入了时间银行，取出了两天的时间。

那么哪些时间值得我们去存储呢？

一劳永逸的时间

比如更普遍的ETC，经常跑长途的朋友们一定会深有感触。ETC很方便，但是去银行办理可能需要20—30分钟，用ETC缴费又没有便宜多少，并且一年也用不上几次。但是我们忘了用时间商来真正算一笔账。每一次进出高速路口，可能都会节省一两分钟时间，单纯地看这一两分钟并不能让我们有什么作为，可是一次节省两分钟，来回就是 4 分钟，如果一年上高速 5 次就已经等于时间保本了，每超出一次，存入的时间就等于增值了 4 分钟。如果是在北、上、广市内出行都要频繁进出高速路口，ETC 存入时间银行的 20 分钟投资回报率就会大大提高。有些事情，看起来是浪费时间，但是一次投入之后，就可以终身享用，这类事件，即便第一次耗费的时间再长，也是值得的。

交朋友的时间

用投资时间的方式去交朋友。

我有一个好朋友，我称他为"靠谱哥"，我们两个人不在同一个城市，各自有各自不同的生活，可能一年只能见一两次面，但是我们彼此属于有求必应的那种深度交往。一次我导演了一部新歌舞戏曲剧《牡丹亭》，由于这次演出是融合了很多现代艺术的一种创新演艺形式，所以需要不同领域的观众参与。我跟"靠谱哥"说了这件事，结果我们演出的当天，"靠谱哥"自己就邀约了 100 多位嘉宾。如果我自己泛泛地结交 100 位朋友，可以想象时间成本是非常大的，从时间商的角度来看，深交"靠谱哥"一个人相当于我节省了 99 个交友的时间成本，换句话来说，我把时间存在了"靠谱哥"身上，当我需要提取的时候，一定会得到大于存储时间的能量，那我的时间就在增值。

当然从情感的角度来说，我把它称为"真友情"而不是"社交"，当他有任何需要的时候，我也会不遗余力地帮助他。因此，我们不要泛泛地做无用社交，尽可能地多交真心朋友，在把时间存储在真正的好朋友身上时，自然也会收获友谊的满足。时间商的精髓不在于计算更不在于算计，而在于深刻理解价值后融在血液里的选择！

做公益的时间

时间商告诉我们，时间价值是由 ABC 三个不同价值组成，那么生命其实也可以分为自然生命——"硬生命"，生命价值——"软生命"。人终有一死，或轻于鸿毛或重于泰山，死是"硬生命"的完结，鸿毛和泰山讲的其实都是"软生命"的不同形式。人类穷其一生也无法摆脱时间的限制，但可以选择给"软生命"带来无限延长的事情，而不是像有的人虽然活着其实已经死了。

我会选择用公益来丰富我的时间银行账户。在有限的"硬生命"中，我一直希望能够为更多的人献出一点微薄的力量，把它们当成零存整取的"金子"存入我的时间银行，丰富我的时间价值和人生经历。

很多朋友都知道我喜欢在世界各地做公益。我也爱旅行，在全世界体验不同的风土人情。有朋友问我，你是因为去某个地方旅行就在那里做公益，还是因为想要去某个地方做公益就顺便在那个地方旅游？这个问题真的很难回答。因为旅行和公益其实就是我的一种生活状态，就像我们不会等到口渴才喝水，等到肚子叫才吃饭一样，它们都是生命的一部分，对于我来说它们都是时间银行的"金子"。因为旅行和公益都是可以让我们的生命价值无限大，让"软生命"无限延长。

我有一个目标，要让自己的"软生命"达到1000岁，那么为了这个大目标我必须一点一滴把时间存进银行。但是可能还不够，所以我会在有限的"硬生命"中，挑选那些能让"软生命"最大限度延长的事情来做。我每年都会去几个不同的国家，而每到一个地方我除了观赏当地风景，体验不同的风土人情，就是到当地的孤儿院给小朋友们送上一点礼物，和他们一起玩一玩。这些微小的"善"，可能并不会给孩子们的生活带来什么实际的改变，但是，当孩子们看到和自己肤色长相完全不同的一个叔叔，拿着他们喜欢的玩具、书本、糖果跨越千山万水来到他们身边的时候，他们可能都不知道我的名字，但是那个美好的瞬间一定会在他们心里扎根，而这个善的种子，也一定会在他们的成长中不断发芽，最终等他们长大成人的时候，想起那个瞬间心里依旧会是暖暖的，而这个暖也会变成一束光，让他们也用这点弱小的光去照亮别人。就这样，我一个人的微小的善，散发出来的能量就将是巨大的，这些善的每一次传播和接力，都等于我们"软生命"的叠加和延长。

体验不同事情的时间

许多重要的节日，我都会让它"闪光"。如每年春节、中秋节等节日，我的行程都被安排去做有意义的事。2012年中秋节我在美国环球影城组织了一场中美首次同步直播的中秋晚会；2017年的母亲节，由我改编由演员宋佳母女演唱的戏歌《母亲》上线。这些人生重要的日子，我都没有让它从生命中消失。

2018年除夕夜，我专程赶到台湾台东的救星教养院，与残障的孩子们共度春节。这个除夕我不会忘记，全中国近14亿人口里面，我是唯一一个在台东的教养院跟孩子们一起过除夕的大陆公益人。这个除夕我的父母也不会忘记，虽然我没有像绝大多数人那样跟父母团聚，但是，我的父母知道他们的儿子在万家团圆的时候，在做一件非常有意义的事情，他们会把这件事当成他们的骄傲，讲给他们的学生和朋友。

这个不同寻常的除夕，我给孤儿院的孩子们带去了温暖和关爱，也带来了我和孩子们"软生命"的延长，多年以后他们也会记住这个与大陆小伙子共同度过的春节。

在我以往的经历中，我从事的所有事情，几乎都是主动选择，主动规划和创造机会，争取让自己的时间有更大的价值和意义。

我们把钱存入银行，希望银行能够通过自身的金融资源，帮我们把存入的钱不断升值，所以我们会考虑，存活期，存定期？是买投资型理财产品，还是买保本型的理财产品？当然，我们经过理性的分析，最终都会选择风险可控范围内，利润最大化的那种方式，让钱不断升值。因为具有时间商，所以我们懂得时间可以像金钱和财富那样，用于存储、升值。在时间的银行里，也是同样的道理，"硬生命"是一定的，选择什么样的事情来延长"软生命"？是选择可以让我们的收益达到10%的事，还是选择让收益扩大到10倍，甚至1000倍的事呢？当我们有了时间商的概念，再去做任何事之前都可以有一个简短的衡量，这些事情是否值得去做，是否值得优先去做，是否值得此时去做。时间商帮我们衡量时间的存储利率在"投资"的时候选择最佳的回报率。而当我们比较时间商的存储会让我们的时间贬值还是升值的时候，相信还有时间商未觉醒的人，在将自己大把的时间廉价"售卖"或者放任时间流走。这跟把自己的钱无偿借给别人去投资赚取利息，而自己只能眼看着因通货膨胀本金贬值并没什么两样。时间商虽然不是财商，但是却远比财商更让我们清醒，财商不高的人，最多失去赚钱的机会，而时间商不高或者没有时间商的人，失去的可能是让生命爆发无限精彩和"延长生命"的机会。

第三章

管理时间
时间相对主义

时间的物质自律性

卸下包袱，克制物欲，为时间"减负"。

断舍离是时间商的物质自律。很多人误以为，物质会带给我们能量。但其实，为了让格子里有更多的"√"，我们更要轻装上阵。人在有生命空间的状态下才能发展其他的可能性。

康德曾说过："所谓自由，不是随心所欲，而是自我主宰。"在这个物质信息极度发达的时代，我们很难真正知道自己想要什么。越是随心所欲地购买，就越会失去自我主宰，因为随着时间的流逝这些物质带给我们的快乐也就消失了，而我们的快乐似乎被物质左右了。所以可说，越购买越不自由。

为什么要购物？因为在购物的瞬间享受了短暂的多巴胺，可是随着拥有的物品越多，时间价值消耗得越厉害。

以买衣服为例，想买——买什么——去哪买——什么时间买（核算折扣）；买回来——穿哪些——怎么搭配——怎么保养；

洗涤——分类分批洗涤；收纳——按季节收纳……当你面对这些问题的时候，可能闪现的都是喜悦，可是在我的时间商体系内，我扫描的结果是这件事情的喜悦值太低，让我的时间价值不断贬值，衣服买回来每穿一次都要面临搭配——洗涤——保养——收纳，也就是你为了一件东西，要不停地持续投入时间价值。如果买衣服从有了想法、选购、搭配、保养等，平均一件衣服的消耗时间大概是 24 个小时（对于很多天生购物欲强的人来说可能还远远不止），30 件衣服，就等于一个月的生命被这些物品消耗了。

对于时间，要看到的不是那些时间换来摆在我们面前的东西，而是要更多地去看背后换来的闪光的东西。虽然克制物欲需要付出巨大努力，但是确实具有更大价值的快乐。轻装上阵，也是给时间减负，让它跑得更快，跑得更远，我们的生命也就会更长更有意义。

如果你不腾开空间，你就会一直背着包袱前行。如果你的人生选择和自我定位只是物品，那你可以跳过此章。如果你这一生不愿意当个物品，想在另一张纸上画更多的格子，那你应该做全新的思考。生活中我们要做大大小小的选择，当我们觉得某些选择会影响我们选择的丰富性，我们就会使用轻装理论。

轻装简从是迎接生命未知可能性的前提

很多人旅行时都会购物，假设七天的旅行成本是 7000 元。酒店和机票的成本，及拿出 3 天时间出来购物，经济成本就有 3000 元。但是花费 3 天时间你交换到了什么呢？也就交换了商品的差价。在当今购物平台丰富的情况下，本可以选择像我一样两手空空地完成一个轻松的旅程，而你不得不站在机场的退税柜台面前排队，而且还做了自己的搬运工，花大量时间去千篇一律的商厦，而这些时间你本可以用来丰富自己的旅行经历。比如十多年前我去巴黎的时候，同行旅行团的人都去老佛爷购物，只有我去罗兰·加洛斯欣赏了一场法网比赛。多年以后，其他人对法国之旅的记忆可能只剩购物，没有更多独特的回忆，而我还能回忆起当时比赛现场的种种盛况，不会随着时间流逝而轻易淡去。

其实关于时间价值的真相是，我们支付的成本不只是金钱成本，还有时间、生命、机会成本。换个角度想，这个问题会更清楚：假设给你 1000 元让你做海外搬运工，你一定会连连摆手拒绝，选择去网络购物，鼠标一点，不多的差价就可以获得你想要的东西。这就是为什么我选择做无行李一族，国内出行时，我从来不带行李，除了证件，其余的一切都可以在目的地购买到，即使去国外也只带个小行李箱，从来不购买当地的特产，当我的国际朋友给我送纪念品，我会选择邮寄，我回来的时候行李甚至变得更少。因为我不愿意在旅行的时候做自己的搬运工，不管是经济账还是时间账都不划算，是一种巨大的浪费。

　　所以在我们的生活中有很多情况都可以使用轻装理论。试着像我一样做个无行李一族，也许你会发现完全不同的乐趣，会把自己解放出来，从而有更多的机会去体验、创造和爱。

时间商的山后思维

> 为自己找一个"北坡",随时绕行"山后",
> 独辟蹊径,获得自由。

人类在不断进化的过程中,始终无法摆脱在自然界中因弱小而带来的自卑,所以总是对挑战高峰有着乐此不疲的兴趣。征服一座座高峰对人类来说有着格外特殊的意义,站在最高处"一览众山小"成了每个攀登者的梦想。

1960年和1975年,中国登山队两次从珠穆朗玛峰北坡成功登顶。当时中国登山队为什么没有选择较为容易攀登的位于尼泊尔境内的珠穆朗玛峰南坡,而两次都选择没有人看好的北坡呢?因为只有走没有人走过的路,才能成为历史上的那个"第一人",成为别人的标杆,推翻那些嘲讽,证明我们的实力。

生活中,我们都习惯了踏着前人的足迹,树立伟大的目标,披荆斩棘,过关斩将。但通往巅峰的路就那么宽,桥就那么窄,而走在这上面的人却越来越多，你要想成功该怎么办呢？只能是"一将功成万骨枯"，拼杀掉那些和你有着相同目标的人吗？即使你实力雄厚，恐怕拼到最后也已疲惫不堪了吧！若实力不如他人，岂不是只能成为帮助别人走向高峰的一具白骨？

如果你不想成为那具白骨，不妨试着用山后思维，给自己找一个"北坡"，虽然旅途中会感觉孤独，但是一旦成功，自己便成了史上的那个"第一人"，成了鼻祖。

什么是山后思维呢？顾名思义，就是在"上山"的过程中，保持独立思考的能力，随时绕行山后，独辟蹊径。就像当初的中国登山队没有选择当时大家都去攀登的南坡登顶，而是选择了北坡登顶，最后在登山史上留下了浓墨重彩的一笔一样。

山后理论就是要我们学会绕开眼前这些清晰可见、人满为患的路，另辟蹊径，从而获得自由。要知道有些路可能是没人走过的，但并不代表是错的路。

其实无论我们追求的理想是什么，归根结底都是获得自由、爱、快乐、幸福，所谓财富和令人安稳的好工作，也不过是达到这个目的的方式和保障。山前那么拥挤，即便铺满黄金，也只能捡到有限的几千万甚至几亿分之一。那么如果有一条路，可以直接获得自由、爱、快乐、幸福，为什么不可以直接从山后绕开大众眼中的财富、名利去获得自己想要的呢？

山后思维是一种不同价值观的勇敢突破。千百年来之所以大家都在一条路上拼杀上山，因为我们已经习惯了狭隘的价值观，所以出人头地的成功只是高官厚禄，这是大众眼中的成功。无论从事的职业是什么，最终绕不过积累财富，所以在他们眼中，山顶上布满了金银财宝和灯红酒绿，然后大家就努力向上爬。我们站在山下看山上成功的人，光鲜亮丽，但是却不知道，和他们一起上山的人有多少已经被挤下悬崖，你看到他们成功，但是你知道这些路有多窄吗？这些路上有多挤吗？

丰子恺先生曾经写过他的一个故事："有一回我画一个人牵两只羊，画了两根绳子。一位先生教我，画一根绳子，牵着一只羊，后面的就都会跟来。我恍悟自己阅历太少，后来留心观察，果然看见，前头牵着一只羊走，后面数十只羊都会跟着去。哪怕是走向屠宰场。"如果我们只看到别人在山顶上的"风光"就跟着爬山，那和这些低头走的羊又有什么区别？比如说起西方艺术，即便是不熟悉这个领域的人，也会或多或少地了解毕加索和他的画风。毕加索所处的年代是一个艺术繁荣期，作为美术教师的儿子，毕加索走上艺术之路可以说是必然的选择。但他没有像大多数学画以及立志成为画家的人们一样循规蹈矩，而是去寻求新的创作可能，因此当他第一幅作品问世之后，立刻取得石破天惊的成功，其实就是因为他独辟蹊径，从山的后面，爬到了顶峰。

因为鲜有人走，不仅降低了成功的难度，更提高了成功的意义，所以当后人提及毕加索，他不仅是一位著名的画家、雕塑家，也是现代艺术创始人，立体画派创始人。

山后思维其实也是一种底层思维，简单说就是一种不盲从、灵活的转化思维，如果你的价值观并不是趋同唯一的，上山的路就不会唯一。那么，我们能不能从一开始就教孩子们去走一条山后的路呢？让他们能活在当下，获得每分每秒的快乐，然后用自己的快乐去感染别人和世界？而这条山后的路，不再是北上广才有出息，不再是工作稳定才是生活快乐，不再是婚姻才是唯一幸福……让时间商帮他们从山后找到很多条不同的路，他们可以通过自己对时间商的理解，对山后思维的运用，去成为那个创始人，成为那个唯一有资格去制定这条路的规则的人。

山后理论也是一种思维方法论，但用在时间商上，可以与时间商形成一个思维体系的建立，有助于你从山后爬上去。通过我自己的实践证明：山后的小路太多了，而我选择的路有一个共同特征，都比较空。我现在走的这条路和别人走的都不一样，从来不挤，没有任何车辙，不会堵车，会让你很享受爬山的这个过程。

时间商的价值是什么呢？它能够判断你的时间价值。很多人只顾着追求物质财富，没有认识到时间财富的价值。所以就会把时间更多地用在追随别人的想法上，跟着别人的脚步上山。假如你敢于选择一条没有人走的路，把握时机攀向高峰，你就是运用了山后思维。你的成功未必会比别人轻松，但是突破固有思维，通过自己的智慧去主动获得的成功的意义是非凡的，它不仅为你带来实际的满足，更让你的时间，因为与众不同的选择更加有意义。

山后思维就是让我们明白只有与众不同的时间，不走寻常路的时间才会增值，懂得了这个理论，我们就会努力在自己的生命中多画格子，让每一天都过得有意义。

成为时间的大富翁

张开双臂迎接生命中低成本的"意外"。

    成为大富翁，是很多人美好而不隐晦的梦想，谁不想找到宝库的大门，豁然打开，里面堆满数不清的金银珠宝。因此，当我们谈到财富，总是想要窥探一下别人的成功秘诀，看看有什么可借鉴的。但成功很难复制，我们只能把别人的成功经验当故事听。那为什么还要听这些故事？除了他们的胆识、眼界、魄力过人之外，他们的成功无不告诉我们，财富永远掌握在少数人手中，而这个少数人，就是少数的觉醒者，先驱者。如上我们一直在说，在未来社会甚至未来人类走向中，物质财富已经不再是人们的第一追求，时间才是越来越稀缺的资源。

    如果你已经读到了这里，恭喜你，已经掌握了成为时间大富翁的秘密。此刻的你就是 1999 年的马化腾，在大家对时间商知之甚少没有了解到时间真正价值的时候，你即将淘到时间的第一桶金，成为时间的大富翁。从现在起，我们所做的每一件事，都用时间商来衡量，不断地在时间银行中存入时间，让时间的投资回报率最大化，做一个让自己开心又幸福的时间大富翁。

成为时间大富翁的第一条秘诀——价值

如果只做让能量值和"软生命"无限延长的事情，也就是说能够增加正能量和生命价值的事情，随之而来会为我们带来财富的增长。当人全身心处在自由、舒畅的状态下，好运气和创造力也会滚滚而来，如果我们翻看通往成功的秘籍，这些无一不是必备条件。

要想让自己的时间更有价值，就要创造出这一天不同于其他时间的意义。如果你没有时间商，就不能主动创造机会，让自己每一天的时间都与众不同。即使有特殊的能够留存记忆的东西，可能也是你的被动选择，比如高考的那一天，进入职场的那一天，等等，但这样的时间不会太多，等到你一切平稳之后，可能日子就会日复一日重复地过下去，没有变化，没有色彩。从自我实现、自我价值的角度讲，这样的生命黯淡无光。

而时间商的提升，可以帮助你把这种被动的选择，变成主动的创造。通过不同的方式，让自己的生命变得更丰富多彩，让时间背后的价值更大。比如：在大家都选择一条安稳的工作路径时，你选择另一条比较艰难的创业之路，以求让自己的人生更丰富；在大家大学毕业后，忙着找工作的时候，你选择继续深造，努力提高自己的专业水平和思想境界；在大家都在第一条曲线上追求更好的时候，你选择第二曲线，让自己增加一条人生轨迹，展现自己的不同……

我非常喜欢的一位心理工作者——海蓝博士，她是中国抗挫力训练总设计师。在 2008 年汶川地震时，驻扎灾区两年多，帮助了很多人做灾后心理疏导，拯救了无数的家庭。海蓝博士本来是一位眼科医生，不仅在美国获得了医学博士学位，在临床方面也有非常高的地位。在她 38 岁的时候，毅然放弃已经取得的成就，从头开始，到美国学习心理学，寻求自己第二曲线的增长，并再次取得了非凡的成绩，给无数被情绪困扰的人们带来了希望和力量。在她帮助千千万万人的过程中，她的每一天，几乎都是值得被记住、被留存的，或者说，无数人从她的帮助中得到了温暖、力量、成长和进步，她每一天的时间价值都是若干倍增值的。

成为时间大富翁的第二条秘诀——主动

我们时间的逝去分为主动和被动。所谓被动，比如我们必须上班，但有时候可能人在工作岗位，心却已远，那么一上午3

个小时的时间都是被动流逝的；而如果我们上班是见想见的人，做想做的事，那么这就是主动的选择，一上午3个小时的"硬生命"可能打造出30个小时"软生命"的增加。再比如，我们怎么度过一个难得的假期？很多人可能会选择，在家里好好宅一下，睡个美容觉，吃一顿大餐，当然这些都是不错的休假选择，但是这些时间就和我们平时的很多时间一样，会使"硬生命"在不知不觉中流逝了，对于我们"软生命"的延长没有任何意义。但如果每一个假期都主动给自己设计一些不一样的体验，哪怕很累的，很意外的，很惊险的，也都会在生命中记上一笔，而每一个值得记忆的瞬间，其实都是生命的无形延长。

成为时间大富翁的第三条秘诀——我们不一样

现在很多人旅游都喜欢先查攻略，哪里好玩，怎么玩，哪里好吃，吃什么，然后买机票拿上行李，跟随别人的足迹，走了一圈回来，晒晒照片，再在别人的攻略下面点赞表示推荐有理。自己也会像复制粘贴一样，把自己的旅行攻略分享出去。很多人觉得，不错啊，这是节省时间的一个办法，可是再让我们回忆一年前、两年前或三年前，你去过的地方，见过的人和事，是否还能像看攻略、写攻略的时候那样熟悉？很多时候我们的旅行已经变成"朋友圈里的旅行"和"别人朋友圈里的旅行"。

我的旅行，一直都在追求不一样的体验，攻略介绍的网红打卡地，不会去，那是别人的经历。沿着别人的足迹，消耗的是自己的"硬生命"，增加的是别人或者是建筑物的"软生命"。比如去纽约旅行，帝国大厦一定是必到景点之一，或在人流拥挤带有防护网的楼顶上面俯瞰全城，或在门口合影留念，但回到国内后，可能连张照片都不愿再翻出来看，帝国大厦和纽约的风景也都忘得差不多了。我的纽约留影没有选择帝国大厦，而是选择了我所入住的 66 层酒店的楼顶探险，当我分成早中晚三次独自一人登上这座刚刚竣工的与帝国大厦比邻的酒店的楼顶时，发现了一个 360 度无遮挡的视角，拥有了属于一个人的纽约和永生难忘的记忆。这个记忆可能会让我一想到纽约就会想到一览无余的独属于纽约的日出与日落，也会想到我的纽约高楼"冒险"之旅。这样带有记忆点的旅行对我的"软生命"就是一种增加，这样的旅行才算得上一种不一样的旅行。同时，当朋友们将我的这些猎奇当作趣事再次分享给别人的时候，我的软生命其实都在增加。

成为时间大富翁的第四条秘诀——越珍惜越富有

　　像珍惜财富一样珍惜时间，像精打细算花掉每一分钱一样去计划每一分钟时间，越珍惜，就有可能得到越多，这就是时间商给我们的财富秘诀。

我们一直希望通过不断的努力，挣更多的钱，再用钱获取更多属于自己的时间。但这就已经陷入了一个怪圈，越想拥有更多自由支配的时间，越要做更多的工作，越工作越得不到自由的时间。甚至当我们从普通的员工成为企业主，在一般意义上，已经算是成功了，但细想这其实不过就是我们一路沦为时间奴隶的奋斗之路。成为财富层面的富翁，需要太多的偶然因素，并不是每个人的成功之路都可以复制，财富面前也没有永远的赢家。而且财富和所有的能量一样是守恒的，不过是从一个富翁手中流动到另一个富翁手中，也就是说富翁的数量是有限的，这也增加了我们要成为富翁的难度。可是要成为时间的大富翁却不同，这是一个开放的体系，任何人只要掌握了时间商的秘密，懂得时间的价值就能为自己积攒时间的能量，而且我们可以从富豪们的经验中看到，真正的富豪不一定都是时间上的大富翁，而能够掌握时间秘诀的时间大富翁，却都具有成为财富大富翁的潜力。时间主宰一切，在时间面前，物质财富依旧微不足道。只有成为时间的大富翁才有可能成为真正的大富翁。

成为时间大富翁的第五条秘诀——变负为宝法

闭上眼睛回忆往事，可能被我们瞬间回想起来的很多事件都是一些由意外所引发的记忆。某次出行，差一点没赶上火车，有惊无险；原本想和女友一起看电影，加班忙忘了，因此大吵一架，费了好大劲儿才和好；想送给妈妈一份生日礼物，结果根本不知道妈妈的鞋子、衣服尺码，才发现对她的爱忽略了太多；带儿子出去玩，因他贪玩，险些和自己走散，好在有惊无险；和同事出差，飞机因发生小故障，刚起飞就返航……

我自己也是这样，有一年我去澳洲出差，抽空约了在悉尼定居的弟弟一家，那是一次充满戏剧性的见面。当时我盲订了一个酒店，入住后正在阳台惬意地欣赏悉尼美景，忽然间烟雾弥漫，酒店警铃大作！数分钟后消防员冲进我的房间，同时跟在后面的弟弟一家目瞪口呆地出现在我面前，他怀里还抱着刚出生不久的小婴儿，懵懂地望着大伙，这一幕至今想起仍觉有趣极了。这事对于驻守在悉尼歌剧院附近的消防员来说是司空见惯，但对我和弟弟来说却是奇妙的际遇。

"张开双臂迎接生命中低成本的意外"，人生会遇到很多意外，小到搭错航班，大到劫后余生。不管当时是惊是险，是悲是喜，时过境迁，都会成为深刻的记忆。从时间商的角度来看，能让你产生记忆的事情都是不可多得的事情，这一天产生了生命力，鲜活了起来，这些都是属于能画"√"的事情，并且深刻的记忆使时间和生命增值了。所以当人生中出现各种小意外的时候，请不要以当时当地的情景去单纯地看待它，让它影响我们的情感和情绪，想一想，正是因为这样的小意外，才让生命增加了可以记忆的内容。是意外，亦是宝贝。

成为时间大富翁的第六条秘诀——吸星大法

前段时间我接到了一个特别的邀请，活动内容是与联合国团队一起去也门进行难民救助。周围的朋友都在好奇，这种国际级的项目是怎么找到我的，故事还得从一次演讲说起。

2018年6月5日，在一次中意国际文化交流论坛上，我与意大利前总理联合发表了以文艺复兴为主题的演讲。没想到这次演讲给我带来了不小的惊喜。

当时台下有位英国观众被我的演讲吸引住了，演讲结束后我们进行了愉快的交流。由于我事前安排了去孤儿院探望脑瘫儿童的行程，只能与他匆匆告别。但当他听闻我要去做公益，便放弃了接下来的安排，与我一同前往孤儿院。

"Tomi，我想邀请你跟我一起做公益。"在孤儿院里，这个英国老人向我发出了邀请，我开心地答应了他。第二天他的助理告诉我，他昨天晚上哭了，为了孩子们。由此，我们建立起了深厚的友谊，也就有了也门之约。

后来我才知道这个英国友人叫Micheal，是英国前首相丘吉尔的侄子，任职于联合国，常年奔波于世界各地做公益。我们的友谊亦是缘于一场公益，这充分说明了，当你是一个有趣有爱的人，就会吸引同样有趣有爱的人。

每个人所拥有的资源是不一样的，假如我的一生不主动计划，就很容易受到周遭环境的限制，也不会拥有开阔的眼界。那么，该怎样让自己的人生变得更加丰富呢？首先，把你能看到的别人的人生进行浓缩，可以把你的朋友们进行分类，挑选出一二十个拥有精彩人生的朋友，筛选的标准是他们的人生异常丰富有趣。其次，通过观察他们的人生而受到启发，提升自己的眼界。比如都是滑雪，有的人跟朋友去世界各地的滑雪场打卡，有的人带狗一起去滑雪，你就会发现滑雪的乐趣除了滑雪本身，还可以通过更多的体验方式来增加快乐。我们还可以把他们的体验与目标当成自己的参考目标去实现它。最后，主动地与这样的朋友进行友情升级，可以共同去完成一些有趣的事情，让你的人生经历变得更加丰富多彩。比如你认识一个专栏作家，可以参考他的书单去丰富自己；你认识一个设计师，可以与他一起设计东西……

从"软生命"的角度来说，可以期许自己的生命无限延长，但从"硬生命"的角度来说，每个人的生命时间都是有限的，所以怎么才能更高效地让自己成为时间的大富翁呢？不妨从别人那"偷"点时间。子曰"三人行，必有我师焉，择其善者而从之"。从朋友身上去发现那些有用的、有趣的、有爱的事，同样也可以丰盈我们的人生。反过来，吸星大法也督促我们在交友的过程中，多交益友，交能提高自己时间价值的朋友，更要交可以延长"软生命"，互相增值的好朋友。

TOMI 人生交往三境界法则：有用，有趣，有爱。

身边不少人的交友法则非常的现实，我给他们总结一下就是两个字"有用"，而我的交友法则是"有趣"和"有爱"。有用是建立在帮助你完成人生权、名、利的基础上，而有爱的境界则是给予，没有任何功利目的，出发点是给予别人爱。结识一个人，我经常会问的一个问题是，你认为你最有趣的人生经历是什么，比如当有朋友回答是在某个城市度过了一个当地的节日，我会问他那个城市的特色、游玩攻略等等。结识有用的人不难，每个人都有社会价值，我们可以通过认识有用的人抓取更多有用的资源，那如何找到有趣的朋友呢，根据同性相吸的原理，首先你要变成一个有趣的人，尽快脱离有用阶段，进阶到有趣。在你做升级的时候就会发现，更高的境界是有爱，你认识一个人不再带有任何目的，会想着能给他带来什么帮助，不是因为他有用或者别的原因去帮助他，而是因为他需要帮助，如果为了名利而去帮助别人，那就不是在一个有爱的阶段，而是回到了有用。有爱就是做一切事情的出发点是给予别人爱，是不求回报的。

时间的边际效用

做好时间预算，有效地利用和分配时间，成为
边际平衡的高手。

李敖曾经在一次访谈中问过："一年中我们是活了 365 天，
还是活了 1 天重复了 364 次？"从"硬生命"的角度来看，不
管是 1 天还是 365 天，随着这一年的结束，我们的生命又过去
了一年；但是从"软生命"的角度来看，就大有区别，活了 365
天，是每一天我们都生活得有价值，有意义，有乐趣。而 1 天
重复 364 次就是每天过着一成不变中规中矩的生活，即便这一
天你过得是衣食无忧风光无限，但重复了 364 次，你的"软生命"
也最多相当于过了 1 天，这样的人生缺乏边际效用。

什么是边际效用呢？边际就是"新增"带来的"新增"。通
俗地说，就是"接二连三"——因为增加了 1，1 又带来了 2 的增加。
应用在时间商中，边际成本就是我们每做一件事要投入的时间；

边际收入就是我们每做一件事新收获到的、新增加的人生收获；边际效用就是每消耗一个单位时间所带来的新增加的享受。

时间商的边际同样符合经济学中最重要的原理——边际效用递减定律。这个定律说的是，在单位时间内，随着人们消耗某种商品的数量不断增加，消耗这种商品所能带来的新增享受迟早都会下降。也就是说，如果我们在单位时间内一直重复做同一件事情，那么这件事情所带来的幸福感、满足感、成就感也就会减少。

罗斯福是美国历史上唯一一位连任四届的总统，据说在他第四次当选总统的时候，有一位记者问他"第四次当选总统是什么感受？"罗斯福没有直接回答他的问题，而是请这位记者吃三明治。被总统请吃三明治，记者感觉无上光荣，三明治的味道好像也格外美味；没想到吃完一块，总统又让他吃了第二块，这一次记者吃得很慢，觉得还可以；吃完，总统又示意他吃一块，记者已经明显感觉难以下咽了，但是罗斯福竟然把第四块三明治推到了他面前，记者礼貌地拒绝了。这时候罗斯福说："你把这第四块三明治吃下去，我就不用回答你的问题了，因为你自己会有亲身感受。"

这就是边际效用递减的规律，无论是当总统还是吃三明治，一件事情越重复，获得的乐趣和满足越少，也可以理解为时间价值递减。因为边际效用递减定律，只有追求边际效用和边际成本的平衡，才能够使总收益最大化。

就比如吃三明治，我们没有那么荣幸能吃到总统请客的三明治。因此，每吃一个三明治都要付出一定的时间成本，但是由于边际效用在递减，所以吃着吃着就会有一个时刻，多吃一口三明治所带来的边际效用，会低于我们为吃这一口三明治所付的边际成本。当这一刻来临时，如果还在继续吃三明治，不仅感觉不到美味，还会觉得难以下咽，此时我们就会停止吃三明治。并且只有把用在吃三明治上的钱和时间用到别的地方，才能获得比吃三明治更高的边际效用。

无论是花出去的钱，还是用掉的时间，都符合边际效用递减规律。要获得最高的边际效用，就要在转折点之前停止。同理，对于时间商来说也是一样的。当我们一直从事一件事情的时候，哪怕是做总统，也适用于边际效用递减定律。比如在工作中，当第一次从实习生转正并独立得到一个工作机会的时候，充满了激情和干劲，认真完成工作的同时还获得了相应的奖金，那么为了做这件事付出的时间就得到了新增的价值。但是我们的工作内容很多时候是一成不变的小循环，当第二次、第三次、第四次接到同样工作的时候，投入的时间就不会再收获到同样的工作成就和心理满足了。这时边际效用就在不断递减，我们就需要考虑去改变，把时间投入到不一样的事情中去。这就是为什么，越多的体验，对于"软生命"的延长越有益。同样是去旅行，如果每一次旅行，都是选择旅行团，下车拍照，上车睡觉，购物发朋友圈，很快你就会发现，旅行这件事给我们所带来的乐趣越来越少，而如果把每一次的旅行都加上不一样的创意呢？如果每次旅行都是和家人一起，就可以尝试和自己的同事、朋友、社交伙伴一起旅行；如果每次旅行都是参加旅行团，就可以尝试不同的自由行、半自由行；如果每次都去网红的景点打卡，那可以尝试自己发掘不一样的景致……其实一个小小的改变，就可以让原本一次一次的复制事件变成一次次独立的事件，就可以一直保持边际的高效用。

2016 年里约奥运会，几千个中国人前往这个城市观看奥运会，我也是其中之一。原本这应该是一次很特别的体验，可是一想到我的记忆和生活要和几千个人雷同，这种快乐也就和边际效用一样，打折了。而且可以想象，第一天抵达时，我的内心应充满未知的喜悦，第一次观看比赛，内心也会充满紧张刺激，可是接下来的第二天，第三天，第四天呢？十几天的奥运观赛下来，这种快乐是不断在递减的。为了保持在一个始终快乐的状态里，我选择和 5 个不同竞赛项目的前世界冠军好朋友，一起组成一个奥运团前往巴西，观看奥运会。不但这个团独一无二，而且很多场比赛，我旁边都坐着一个冠军讲解员，这更是一个独特的体验和独家记忆。

当时到巴西观看奥运会的几千个中国人中，很多人一定会选择去观光、购物、体验风土人情等，但是对我来说，最大的诱惑却是距离里约 2849 公里外的亚马逊丛林探险。于是，奥运会结束后，我独自一人开始了鲜有人进行的丛林探险，完成了一次好莱坞大片般的"旅行"。这些都被永久地画在了我的格子中。

探险结束后，我在当地稍做停留，发现亚马逊州首府"玛瑙斯"，竟然没有一家中国的公益组织到访过，也没有任何一个中国人在当地做过慈善活动，这完全符合我为自己定位的"软生命"延长计划：世界性的、没人做过的、有爱的。于是接下来的几天，我开始筹划在当地建立公益活动点，并拿出了自己剩下的全部旅费，在当地很快落成了一个关于教育的小型奖学金，而我也成为第一个在亚马逊插上公益小红旗的中国人。

这一次的奥运探险寻爱之旅，丰富度并没有因为时间一天天流逝而减少，因为我的底层思维中始终有时间商和"软生命"的逻辑，一直有意识地让每一件事情有意义，让快乐叠加，也就是努力让自己的时间价值更高，让自己的"软生命"更长。

时间是有限的，要想让它获得更高的效用，就需要有效地利用和分配时间。一成不变周而复始地复制生活，不是聪明的做法，需要想办法把时间分摊到不同的事情上，并确保时间在这些不同的事情上获得的边际效用都趋于相等。如果出现差距，那就应该不断地把更多的时间挪用到边际效用较高的事上，直到时间在这一事件上带来的边际效用下降到与其他事件的边际效用相等为止，达到边际平衡。

在时间的分配上，尽量把生活切割成一些时间段来做不同的事情。如果连续长时间，或几个小时做相同的事情，那么在这件事情上产生的边际效用就有可能减少，从一开始充满精神，到后面就会慢慢懈怠，甚至是厌倦起来，做事情的效率也不会太高。

就像我们在学生时代，一节课45分钟到1个小时，之后可以休息，中间的休息差不多就是上课这件事情给你带来的边际效用开始下降的时候。通过短暂的休息以后，你重新恢复了体力和精力，再继续上课，效果就会好很多。

西班牙有句祝福朋友的话："祝你拥有健康、财富和更多闲暇。"我从这句话中捕捉到这样一个思想：我们必须合理做好自己的时间预算，正如对货币要进行预算一样。时间对每个人都是公平的，它给每个人都分配了同样的时间维度，无论你是富有还是贫穷，你的每一天都只有24小时，即使是世界首富，想在时间的维度上多增加一分钟都是痴想。我们做的每一件事，花的每一分钟，都是自己的选择。你把时间花在哪里，你的人生就会变成什么样。

就像按用途分配货币一样，将边际效用的原理运用到时间的分配中。每小时效用最大化原则也能够运用于生活中许多不同的领域，它并不仅仅是一条时间经济学规律，而且也是一条关于理性选择的规律。

因此，每一个人都应该成为边际平衡的高手。也就是说，应该利用自己有限的时间、有限的精力，在自己所能涉及的所有领域、所有活动、所有选项当中，根据边际平衡的规律来分配时间、金钱、精力和其他资源，从而使总效用达到最大，也就是让时间发挥最大的价值。

时间的沉没成本

面对已有的损失，挑战新的开始，所有的尝试都是生命中的有效记录。

假如你花 7 美元买了一张电影票，看了半个小时后，感觉影片糟透了。此时，你应该离开影院吗？在做这个决定时，你应当忽视那 7 美元。此时它就是沉没成本，无论你是否离开影院，钱都不会被退回。这是 2001 年诺贝尔经济学奖获得者之一的美国经济学家斯蒂格利茨在解释沉没成本的时候举的例子，这个例子不但生动地说明了什么是沉没成本，而且还指明了我们对待沉没成本应持怎样的态度。

沉没成本指已发生的无法收回的成本支出，如因失误造成的不可收回的投资。沉没成本是一种历史成本，对现有决策而言是不可控成本，不会影响当前行为或未来决策。从这个意义上说，在投资决策时理性的决策者应排除沉没成本的干扰。

从成本的可追溯性来说，沉没成本可以是直接成本，也可以是间接成本。如果沉没成本可追溯到个体则属于直接成本；如果由几个个体共同引起则属于间接成本。很多人把沉没成本当作是管理会计中的一个术语，其实，成本不仅仅指资金，其中损失最大的，还有时间。

很多人对"浪费"资源担忧害怕，被称为"损失憎恶"。比如说很多人会强迫自己看一场根本不想看的电影，因为他们怕浪费买票的钱。这有时被叫作"沉没成本谬误"。经济学家们称这些人的行为"不理智"，因为此类行为低效，基于毫不相关的信息做出决定，错误地分配了资源。我们之所以会对不好看的电影产生是否离开的疑问，主要是考虑已经花掉的7美元，害怕浪费。如果坚持把电影看完，除了7美元的沉没成本和已经看了半个小时的时间，还要继续损失1—2小时的时间。7美元是一个可循环的资产，即使浪费了，也可以再赚回来，但是时间却不可再生，一去不回。

已经花掉的钱不可能收回，再搭上额外的时间和精力，到底是怕浪费，还是在继续浪费呢？

如，花100元去吃自助餐，虽然吃饱了，但为了不白花那100元钱，所以继续吃，一直吃到撑。100元就是沉没成本，然而吃得却很难受，很明显这个行为带来了边际效用递减。无论吃多少，这100元钱都无法收回。钱是不是白花，与吃了多少没有关系，我们花钱，本质上希望得到味蕾和食欲的"满足"，而不是单纯地为了多吃。如果只追求"量"而忽略了满足程度，是十分不划算的。说是为了避免浪费，其实我们是在逃避面对已有的损失，而同时我们又在继续投入新的成本，包括我们的感受、时间，甚至可能还有健康。

再比如去旅行，可能一到目的地我们就会发现很多不尽如人意的地方，但是一句"来都来了……"会让我们随波逐流地做出各种自己不喜欢或不想的行为，比如盲目地跟风购物，九宫格"打卡"，根本没得到属于自己的旅行的快乐，更不用说创造独特的回忆。

相比于物质带来的沉没时间，情感的沉没更不理智。比如名存实亡的婚姻和爱情，明明已经知道了彼此不再是自己需要的，但就是因为"已经"付出了那么多，"曾经"那么爱，宁可彼此继续消耗时光，不断让痛苦发酵，也不愿意痛快分手。表面上看起来"得到的东西"，通常都隐藏着"无形的损失"。

表面上看起来，看完了一场电影，其实损失了更多时间；表面上看起来，吃得够本了的自助餐，其实可能损失了更多吃带来的愉悦感、满足感，也很可能损失健康；表面上留下了旅行的照片，其实却错过了用心欣赏风景，以及旅途风光带给我们的身心舒畅；表面上看好像抓住了一段感情，其实可能将自己的后半生都陷入了痛苦的旋涡……和过去已经无法挽回的损失相比，到底是尽快放弃，还是继续飞蛾扑火？可能道理说起来，大家都能明白选择哪一个，事实上，很多人还是陷入了沉没成本的陷阱，难以放手。

难以放手的"沉没成本"

20 世纪 60 年代，英法两国合资开发大型协和式飞机。但是这个项目并不成功，项目开展不久他们就发现继续投资开发成功的机会很渺茫，但是又不甘心过去庞大的投资付诸东流，所以项目一直没有叫停，依旧持续地投入研发。虽然最终协和式飞机研制成功，但因缺陷太多，运营成本太高，被迫停飞，所有的研制费用和时间都浪费了。其实这样的结果，早在预料之中，只是放弃就等于投降，为了保住颜面，依旧为一个不合理的结果投入。所以，纠缠于沉没成本经常也被叫作"协和式飞机效应"。

"我已经行驶了这么远……""这本书我已经读了这么多页……""我已经花了两年时间接受这个培训……""这个工作我已经做了 5 年了……""我们已经交往 3 年了……"这些话我们可能都或多或少地说过，从这些句子中就可以看出，我们总是和沉没成本难舍难分。这就是沉没成本的谬误，在已经发现错误的同时，受到"不甘心"因素的左右，不愿意停掉或放弃这个错误决定，而选择"坚持"或"忍受"。日复一日地忍受与煎熬，不是因为我们的忍耐力有多强，而是因为为此投入了太多的时间、精力和金钱，不舍得放弃。

造成沉没成本谬误，正是这种害怕失去的心理，让人看不清一些事实，认知出现偏差，自愿地跳入显而易见的陷阱。人总是倾向于为眼前的事情烦恼，即便典当未来的资源，也得保全眼前的。哪怕它已残破不缺，或是对你来说没有任何意义。

沉没成本就像一个陷阱，让人越陷越深，如何才能抽身呢？

首先要知道，我们之所以贪恋沉没成本，其实忽略了一个很重要的问题，沉没成本不是成本，它真正让我们失去的是机会成本。

机会成本是为了得到某种东西而所要放弃的另一些东西的最大价值。就像前面所讲，如果你选择继续看电影，就放弃了离开电影院，用这个时间去做其他事情的机会成本；你选择继续忍耐一份如同鸡肋的工作，就放弃了可能有更好的工作选择的机会成本。直观地说，投资1万块钱，有一种方式一年可获得收益300元，而另一种获得收益400元，你选择了300元收益的投资模式，400元就是你这次选择的机会成本。那么一年结束，你赚了300元，也许你觉得自己赚了，但相对于400元的机会成本，其实你亏了100元。所以，你到底是赚了还是赔了，不能仅仅看账面收益，还要看机会成本。我们的时间到底应该用在哪些事情上，同样不能只看我们已经发出了什么，已经失去了什么，还要看，我们还要失去什么。

如果害怕浪费时间，更要知道，现在做的事是不是最优质的选择。

在知识付费的年代，花钱购买网络课程、软件、书籍，远比我们花大量时间和精力在网上找破解的免费软件、免费 PDF 书籍更划算，后者虽然经济成本为零，但消耗了你宝贵的时间，也就是你巨大的机会成本。

除了要知道机会成本给我们带来的损失，从时间商的角度更要知道：就像时间一去不复返一样，所有已经发生的损失都很难再挽回。不断挑战新的开始才会让生命更有意义，才会让"软生命"不断延长。一成不变的重复，是在消耗人生。

几年前，网上出现过一个励志的 90 后女孩，她在花样年纪便被确诊为子宫癌。此后她便开始断断续续在网上写日记，不曾抱怨什么，只想记下收获的所有温暖和感动，坚强和乐观。她是一名医务工作者，在大学上第一次解剖课时，就递交了器官捐献表。在患病后不久，她就主动联系了母校填写遗体捐献志愿表，甚至在病重时，在遗嘱的第一条里，她再次跟母亲强调了遗体捐赠的事情。"江山给你们，朕玩够了，拜拜。"这是她日记里最后留给大家的话。根据生前遗愿，家人捐献了她的眼角膜，两个孩子因为她的眼角膜从黑暗中得以重见光明。而她的遗体则捐献给了母校，成为一名"大体老师"。生命里人来人往，现在很多人都记住了曾经有这样一个女孩来过。这个真实的故事正是反映了时间商中的沉没成本不仅仅是钱，而是时间，甚至生命。

　　人的一生中有很多不同的事情需要我们去做，像那个女孩一样，在花样年华失去了健康直面死亡，她有理由选择抱怨、选择恐惧和懦弱，可是这些都改变不了她已经患上了癌症这个"沉没成本"，沉溺于悲伤，她会损失更多的成本——她本来就不多的时间。所以她选择坚强，选择最优的方案度过每一天。这就是时间商的真谛。现在这个女孩虽然离开了人世，生命终结了，但是她的"软生命"依然在延长着，那些听了她的故事受到感动、鼓舞的人会更加坚强，移植了她的器官的人会替她更好地活着，医学院的学生会从这位"大体老师"身上学到更多的医学知识以后救助更多的人……那么她的生命价值，就在她的选择之后，被无限地延长，比起那些把最后的时光用在怨天尤人、恐惧和痛苦中的人来说，她的时间价值显然更高。

　　在这样一个飞速发展的社会，我们面临的选择将越来越多。今天下班了，你是选择加班还是选择陪伴家人，是遛狗还是打羽毛球，是看个电影还是阅读一本书。这些都是机会成本，至于选择的事值不值得，就看这事在每个人心中的重要性了。有人认为家人比加班重要，有人认为加班升职加薪比家人重要，有人认为遛狗放松身心，有人认为打羽毛球可以保持身体健康。总之，机会成本可以不是一个具体的数字，但必须是你理解世界的一种方式。

与其为了无法挽回的沉没成本搭上更多的未知成本，我们更应该学会一个词——及时止损。止损需要勇气和魄力，能否及时止损直观地体现了马太效应，即强者越强，弱者越弱。

越是优秀的人，止损越果断。只有弱者才会抱着过去不放，因为害怕新的尝试会带来更大的失败，强者只会发现放弃之后带来的新的机会。当你发现自己纠结甚至陷入沉没成本之后，应该忘记你已经付出的成本，考虑被忽略的机会成本，让自己果断止损。即便新的尝试没有获得预期的效果也不要回头看，所有新的尝试都是生命中的有效记录。这种止损看似只是生活中的一个选择，其实它根本的标准正是来自时间商的判断。

虽然已经知道，机会成本是因为选择一件事而放弃另一件事情的最大价值，但是也可能在心里画一个问号，怀疑是不是机会成本其实只是存在在概念中，和我们并没有实际关系呢？时间商可以打消你的怀疑，帮你算出这笔账，比如：

工作原因，需外出办事，坐公交车要 1 个小时，选择打车，1 个小时的车程可能 15 分钟就到了，节省了 45 分钟。乘坐公交车只需要 2 元钱就能到达，打车却花了 50 元。虽然多花 48 元，但是你节省的这 45 分钟所创造的价值，是否大于 48 元呢？如果是，或者远远大于 48 元，那么说明你的选择就是合理的。

按照一般的想法，大家可能会觉得这不是明摆着的吗？坐公共汽车的成本是 2 元，而叫出租车的成本是 50 元。但这只不过是表面的成本，而在时间商中，就要用时间价值公式来计算。

按照经济学来说，成本是"在进行某种选择后，不得不失去的利益"，我们可以把它称为"牺牲了的利益"。按照这个概念，在刚才的例子中选择公共汽车时的成本就包括下面两项内容：

①2元的车票；

②乘坐出租车时能够得到的价值即利益。

①很好理解，是表面上的成本，②就是你因为选了①而放弃了的利益，而①＋②才是经济学里特有的成本。①显而易见，那么②我们就可以从时间商的角度来计算。乘坐出租车得到的价值是什么？

A 节约了时间；

B 比公交车更加舒适，提升了自己的幸福感；

C 坐出租车的时间，可以继续创造其他价值，用这个时间创造出来的时间价值也是乘坐出租车时得到的价值。

以上 ABC 共同组成了②，而①＋②，又构成了乘公交车的经济学成本，所以，单纯从面上来判定一件事情，往往会使我们损失很多利益。

像这样的选择，我们日常生活中随时都可能发生，为了节省钱去批发市场买菜，还是节省时间在楼下的超市买菜？为了省钱自己做一桌子饭菜请客人吃饭，还是多花钱省时省力去酒店吃饭？时间商能应用在各个领域，它并不是高深莫测的经济学名词，而是适用于生活方方面面的。同样，机会成本也是一种思考方式，能帮助我们更理性地做选择。

我们在面对选择的时候常常因为沉没成本的影响而裹足不前。人在不喜欢的东西上拖延的时间越长，所投入的时间、精力、金钱就越多，而内心的惶恐和不安也会越来越多。一边很痛苦地在维持现状，一边又担心自己能否承担放弃之后的代价。

不难看出，对沉没成本的留恋、上瘾、不想、不敢放手，都像是一种情感和心理的依赖，太多感性，但是终止沉没成本才应该是理性客观的选择。从时间商的角度考虑，可以帮助我们快速戒掉沉没成本。

时间具有唯一性，一段时间只能做一件事，选择一件事就要放弃另一件事，选择保留沉没成本就要放弃可能的机会成本。时间是无法失而复得的，无论怎么舍不得过去，都只能向前看，越觉得放弃过去很难，就越需要在沉没的过去做新的投入。时间是有宽度和广度的，所以每件事情都要考虑它的价值意义。当你不能果断和一块"鸡肋"说再见的时候，对照时间，自己做一个评定吧。《霍乱时期的爱情》中有一句话："人不是从一出生就一成不变的，生活会迫使他再三再四地自我脱胎换骨。"当命运给你一个契机让你变得更强大，让你有一个机遇去成为更好的自己，去创造完全不同的人生，当你慢慢成熟，对过去释然之后，许多年后处在一片幸福祥和中，也许你会感恩命运此刻的恩赐。

时间保卫战

把时间从对手的手里争取过来，成为自己人生的"霸主"。

我写过几首歌，由歌手黄绮珊演唱的《简单幸福》；孙悦、沙宝亮演唱的《王者归来》；SHE 和 twins 等群星演唱的《喜从天降》，反响都还不错。创作这些歌曲除了我想多放出自己的小艇，尝试不同的领域，还有另外一个小插曲。我属于不太会唱歌的那一类人，每次到 KTV 基本上都是做听众，后来我越来越觉得不对，我的时间不是被"麦霸们"偷走了吗？所以，当有这样一个机会的时候，我的第一想法是，如果不是 KTV 里唱歌最好的，下次再和朋友去的时候，我可以说，我来唱一首自己创作的歌。而 KTV 的时间就是大家娱乐的时间，我们收获的不是谁唱得好听，而是谁玩得开心。

你的时间有没有被"霸占"过？不只是"麦霸"，生活中还有很多事情是我们并不愿意又不得不经历的，那些人和事就像小偷一样，把我们的时间偷走，所以，是时候用你的时间商打一场时间的保卫战了。

首先，严防时间小偷，要做一"霸"

除了 KTV 的"麦霸"，你一定也遇到过"话霸"，他们是那种无论在任何场合都要掌握话语权，不管别人的感受只要自己的舞台的人。不过，换一个角度看，这些人可能正是我们所希望成为的人。他们是那一时一刻的主角，无论观众是一个人、两个人还是三个人，他们都拥有属于自己的舞台。他们无惧自己的表现，也无惧观众的反应，因为他们投入到自己的时间中，做自己的主人。这一个小时的时间，对方做了主角，掌握了主动权，对他而言是放松的，有趣的，有意义的，值得被写在"软生命"中的——某年某月某日，和谁一起唱歌，很开心。同样的一个小时，对于那些缩在自己的保护壳内的听众们来说，就是白白流失的一小时，而更可怕的是可能在我们的生命中还不仅仅有这一个小时是被偷走的，能让我们忍受的"麦霸""话霸"，大多都会是我们的朋友，这样的聚会，如果平均两个月一次，一次最少一小时，一年将近有 6 个小时被对方偷走。如果我们已经和好友认识了 10 年，那么我们已经有 60 个小时，将近 5

天的生命被对方偷走了。换句话说，你因为被动做听众，生命少了5天！

很多人，不敢在KTV唱歌，或者谈话中不敢发表观点，其实都是害怕自己唱得不好，说得不好被人笑话，在玩的时候也总是放不开。其实大家都不是参加比赛，不是一定要排列出一二三名，最终的胜利者只是在这个时间里玩得更开心的那个人，所以想想，即使我们沦为别人的笑柄，也好过我们的生命被缩短了啊！如果以牺牲生命为代价，谁又不想称"霸"一方呢？

其次，亮亮招牌在时间的"战局"里反败为胜

人都有倒霉的时候，有一年，我的人生进入到一个低谷期，简单来说，因为一些原因使我在不知情的情况下，成了两位大佬角力的牺牲品，平白承受了很多的压力。因为对于当时的我来说并不知情，所以我只是努力做好本职工作，保持情绪稳定，兵来将挡水来土掩。后来在我怎么也没有想到自己会遭遇"竞聘上岗"的演讲中，我用三分之二的时间讲了工作相关的规划，在所有的评委们都猝不及防的情况下，剩下的三分之一时间，我用英语讲了一个男人应该承担的角色和责任。当我说完Thank you 的时候，台下爆发了雷鸣般的掌声，他们可能已经不记得我之前竞聘所讲的内容了，本来这也是无关紧要的过场，

他们中大部分人其实也听不懂我的英语说的是什么，但是，"英语演讲"任性的举动让他们震惊和折服，可以说，这个时候，还没有出场的竞争对手已经注定了败局。

时过境迁，我并没有因为自己成为别人斗争的工具而气愤，也没有再怨恨突然冒出来的竞争对手，只是觉得这个亲身经历恰如其分地诠释了逆境中的"时间商"。

当我们身处逆境的时候，如果怨天尤人，气愤不已，对自己有损无益，对事情的翻盘更加没有帮助。但是相反，我们从事情的复杂性中跳出来，用时间商去做对抗——抓住机会，把自己的招牌亮出来，给别人意外惊喜，当别人对你的表现发出赞叹的时候，你就把时间从对手的手里争取过来了。

明正德年间，宁王造反，王阳明用一个月迅速平定叛乱，免去一场泼天大祸。可是王阳明却被军官妒忌，说他勾结宁王，见事不成，才出卖宁王以求自保。而正德皇帝玩心太重，竟然要求王阳明放掉宁王，御驾亲征。平定叛乱这么大的功劳被无视，还被人陷害，王阳明并毫不恼火。他去找了比较正直的太监张永，把功劳交给他，然后自己住进寺庙，以示与世无争，悄无声息地化解了这次灾祸。他这一举动，变被动为主动，但是反常的举动并没有让他从此消失在人们的视野中，反而让人们更加钦佩他的智慧。后人因此评价王阳明，说他"危疑之际，神明愈定，智虑无遗"。

王阳明说，天地之间，人一定要有自己的主宰，理性地解决问题。脑是寻找解决问题的根源。一个人越愤怒，就越找不到出口，只能像个没头苍蝇一样把事情越搞越糟。控制住自己的情绪，才能用脑子去分析问题，解决问题。这其实和时间商是同一个道理。控制自己的心，也是明确自己要做什么，真正追求的价值是什么，每一刻的时间应该用在什么上，然后，脑自然会引导我们找到最恰当的答案，把时间都抢夺回自己的手中。

我们也许做不了社交达人，但是一旦掌握时间商，就可以成为时间达人。

最后，不做坏事，成本太高

保卫时间，有一件事千万不能做，那就是坏事。和好事、善事一样，坏事也是一个开放的答案，笼统地说，违背大众认知、道德标准和法律的事情，都可以称为坏事。

根据相关法律规定，"个人贪污数额在五千元以上不满五万元的，处一年以上七年以下有期徒刑"，对照法律看一下，如果你的经济行为触犯法律，那么和你的时间价值是否能够匹配？

如果侥幸没有被任何人发现，但老话说拿人手短，接受了他人钱财就要替他人谋取利益，这种不正当行为一定会让人产生负面心情。可以想象一下，每天早上，别人在阳光中醒来，充满精神地准备开始一天的工作，而犯了错误的人，他每天早上醒来都会想到，今天会不会被人发现；同一个时间，朋友们开心地看新上映的电影，热火朝天地讨论，而做了亏心事的人就会突然想到，我做了那样一件事，会不会被发现？这种忐忑不安的心情不仅会让他无法平静地看电影，还会影响每一天的生活和工作。这样度过的一天，按照时间价值来计算，损失又会是多少？而这种突然惊觉，会延续相当长的时间，这也是为什么很多逃犯最终选择自首，其实都是受不了内心的折磨。

除了贪污、受贿以外的其他坏事，成本也很高。比如，有的明星吸毒被抓走，首先他失去了人身自由，丑闻被曝光又要造成经济损失，因为负面新闻肯定很难再翻身，失去的这些美好时光，用时间商来衡量的话，是任何人都承受不起的损失。

世上每一样东西都有保质期，你的时间有限，你的生命有限，因此你必须行有意义的事，做有意义的人。

当我们在一个平台上感觉缺乏平衡的时候可以重新规划审视自己的职业，向内心要答案，放出自己可以丰富人生的小艇，千万不要误入歧途，做出不划算的选择。要保卫自己的时间，千万不要做任何一点坏事。

时间商是每个人应该具有的一种思维模式，更是我们的护甲和有力武器。具备时间商，明白时间的价值，就会像捍卫自己的生命和财产一样捍卫时间。钱包被抢我们会报警；土地财产被侵占我们会寻求法律保护；生命安全受到威胁我们会奋起反抗……可是时间被侵占，在很大程度上，是因为自己的麻木和忽视，如果自己都不重视，那么那些被动流逝的时间就像是我们在助纣为虐一样地任由自己的生命财产被别人践踏。怨天尤人是不会改变结果的，只有具备了时间商，认识到时间的真正价值意味着什么，才能武装自己去保卫时间，也就是保卫生命。

第四章

延长时间
硬生命与软生命

硬生命与软生命

虽然不能控制生死，但可发挥主观能动性，延长软生命。

人类自古以来就渴望肉身不死，追求长生。为了能够长生，秦始皇命专人寻找各种珍稀药草，研制长生不老药。即便如此，秦始皇也没能获得永生，纵然当时他的权势和财富都是天下第一，也终究不能免于一死。

长生不老虽然是遥不可及的神话，但是生命本身却可以"重于泰山"。当你的生命"重于泰山"了，那么你的软生命也就得到了延续。百年以后，虽然斯人已逝，但却在以另一种形式"活着"。比如，香港富豪邵逸夫107岁离世，身后留下数千座大学教学楼，对他而言，即使人已经不在世，但影响力仍在，这就是他的软生命。

人类的生命分为硬生命和软生命

"软生命"和"硬生命"从我们出生的那一天，就像并蒂莲花生出来的两朵花，一朵是我们真实的生命体，我们不可摆脱的时间——我们的"硬生命"，另一朵是无形的增长，像肥料一样滋养我们的真实生命体——我们的"软生命"。当我们的"硬生命"存在的时候，"软生命"可以让"硬生命"更加有力量，可以拓宽"硬生命"的宽度。一旦硬生命消亡，无形的"软生命"就变成了有形的存在，它接过"硬生命"的接力棒，作为我们曾在这个世界上存在过的痕迹继续留存。

智能手机和电脑都是由硬件和软件两部分组成。硬件决定它们的外形、颜色、机器运转速度、存储量的大小，而软件则决定了它们拥有哪些功能，以及各种功能的使用，软件可以让智能手机、电脑的功能发挥最大的效用。一部手机或电脑的硬件一旦遭遇到不可修复的损坏，那么它的生命也就结束了，但是其软件仍然可以在其他手机或电脑上被我们继续使用，继续发挥它的作用。

人类的身体就相当于智能手机和电脑的硬件，是物理生命，也称为硬生命；而你给这个世界创造的美好事物，在你的物理生命消失之后，仍然发挥着作用，就像智能手机、电脑里的软件仍然会继续发挥着作用一样，这就是你的软生命。硬生命，最多不过百年，可是软生命却可以无限延长。

我虽然不知道自己的硬生命会有多长，但是我的软生命目标至少是 500 岁。那么不妨来看一下都有哪些事在延长我的软生命。

以写这本书为例，它并不是一本供人们消遣娱乐的书，而是一种思想的传播，希望可以给人一些启迪，带去真正意义上的积极改变。如果有 10 万个人看过这本书，每个读者的阅读时间是 2 小时，总计 20 万个小时，每个读者受到有效帮助的时间按 30% 来计算，即产生 6 万个小时用于延长我的软生命。如果，读者把书里的内容传播给其他人，则软生命会继续延长。因为它是开发人类思想的读物，所以后续传播的潜力是无限大的，因此我写这本书产生的直接或间接影响，都是对我软生命的延长，即便有一天我的硬生命终止了，这本书带来的影响依旧存在……

再比如，我运用自己的无边界思维为来自全国各地的创业者们讲解如何管理企业及总裁思维体系建设，拓宽他人视野的同时也在延长我的软生命；我在世界各地做慈善，帮助过的每个孩子随着人生的成长，都会把我们共同经历过的那个时刻记住，我的软生命被他们延长着；我创作艺术品，在意大利展出并获得佛罗伦萨双年展大奖，被媒体报道，所有人不管通过什么渠道看到它、提起它、记得它，都是在延长我的软生命。

我做的每一件有意义的事累积在一起，软生命不断得到延长，从而我的内心充满快乐，促使我对做延长软生命的事更用心，更积极。如果用本书结尾处的生命表格计算，我的软生命已超过百岁，感兴趣的朋友也可以自己去测试一下自己的生命价值。如果数值不高，那么你就应该有意识地在余下的生命中挑选影响力更大，生命价值更高的事情去做。由此可见，掌握了时间商，软生命值会一直在生命中呈上扬趋势。这就是时间商在生命中神奇的引领作用。

我用自己的经历为大家解释了软生命，其实我也只是一个平凡的普通人，只是我比大家更早地知道了生命的秘密而已。我们不能控制生死，不能延长硬生命，但是掌握了这个生命的秘密，人人都可以延长软生命。

人固有一死，即便是伟大领袖毛主席也不能例外。从硬生命来看，他活了82岁；从他的功绩来说，带领人民成立中华人民共和国，改变了成千上万人的命运，一代代的中国人都在这个影响下生活；从思想上，毛泽东思想受到全世界人的瞩目，他的著作在全球被热读，并且有人专门以研究毛泽东思想为职业，并衍生出新的学派，这些都是毛主席的影响力。当后人再提到他或读到他的著作时，都是对他软生命的延长。这样计算下来"毛主席万岁"并不只是一句口号，而是他的软生命值。

为什么我们一定要强调软生命？因为时间商的概念就是希望我们在有限的一生中做更多有意义的事情，并且努力扩大积极的影响力。这种影响力有多大，你的软生命就有多强。

　　每台电脑都有它的使用寿命，如果电脑出现了问题，无非是硬件或软件有问题，此时不光要修理或更换硬件，软件也需要不断修复升级。只有将硬件和软件进行双重维护，才能延长电脑的使用寿命。虽然有一天，电脑终究要寿终正寝，但是软件系统，甚至这台电脑曾经工作过的痕迹、存储过的信息，却依然有存在的价值和意义。这就跟人的生命一样，虽然生命长度不可能无限延长，生死也不由我们控制，但却可以发挥主观能动性不断延长软生命，让人生更有意义。

软生命的影响力

运用软生命值 S=T×C 公式，可将软生命分为
五个等级。

正如前文所说，万物都可量化。软生命虽然不是我们所能
看到的具体物质，但是它也是可以计量的，每个阶段的软生命
都有与其相对应的数值。软生命是可以通过个人的行为延长的，
但是具体能延长多少就不是我们自己可以决定的了。它取决于
你的行为、创造的事物影响了多少人，影响有多深，有多久。

软生命可分为五个等级：软生命奇点、初级、中级、高级、
超级。

软生命奇点及其影响力

软生命值 =1

人的大脑其实就像宇宙一样，当我们接收一种思想或者即将遵从一种逻辑的时候，也是从某个未知点开始，虽然未知，但从那个点开始，我们的思维体系就已经不同了。所以，就像宇宙奇点一样，我们可以把软生命萌芽称为软生命的奇点。

在这之前，很多人对软生命毫无概念，每个人的生活依旧只考虑硬生命的丰富。某一天当思想中萌发了时间商、软生命等概念之后，你会发现，人生的目标、生活的方式，甚至对待人与事的态度，都会发生翻天覆地的改变，这个点，就是软生命的奇点。某一天、某一个人或某一件事的触发，也可能是听了某些人的建议，或者是当你第一次接触到本书的时候，都有可能产生软生命的奇点。当你做一件事，它的 C 值影响力为 1，即已经开始对你自己产生影响力时，虽然只是一瞬间，但会让我们的人生和整个思维体系产生翻天覆地的变化。

初级软生命及其影响力
软生命值 =2—10

初级软生命就是你的行为和创造的事物只影响了自己的家人或好友。在软生命值刚开始增长的时候，这也是首先可以做到的。比如，你给家人做了一顿丰盛的晚餐，当天大家心情是愉悦的，但是过了几个月之后，大家可能就不记得这顿晚餐了，那么你做晚餐这件事只是对那一天有影响，并没有长远的影响，所以这件事也就没有形成 C 值，也就是没有产生软生命的影响力。但如果为了做这顿晚饭，你特意去学习了烹饪，当家人品尝这一桌与众不同的美食后，对你的菜品和付出都赞不绝口，甚至 10 年后大家提起来还能津津乐道，那么这件生活中的小事情就增加了你的软生命值。但是，这件事的软生命值并不高，它的影响范围只是你的亲人、朋友，所以这就是初级的软生命影响力。

初级软生命影响力也很小，它只能影响自己和身边人。

比如，你看了一本书，并对书里的内容印象深刻，还总会给你愉悦感。很久以后，每当你想到这本书的时候，就会感到开心，并把这种开心带给了身边人，或者讲给他们听，或者按照书中所说改变了自己。这样产生的软生命，也是初级软生命。但是，看书这件事，只使你自己增长了见闻，获得了愉悦，影响的也只是你自己，间接地影响了身边人。所以，初级软生命的影响力是非常小的。

初级软生命也对应着一个数值的区域范围（0 < 初级软生命 ≤ 硬生命），同时由于它是每个人的基础软生命，所以作用力较小。

中级软生命及其影响力

软生命值 =10—100

如果你的行为或者创造的事物能够影响除了家人朋友以外的其他人，影响 C 值范围在 10—100 之间，这样产生的软生命就是中级软生命。

仍以生活中最简单的晚饭为例，当你学会了厨艺后，在一次公益活动中，为留守儿童们做了一顿饭，这顿饭为他们带去了久违的温暖，也把爱埋在了孩子们心中。当孩子们长大后，会时常想起曾有人给自己做了一顿特别的饭，并想把这份爱心传递下去。同时如果你参加的这次公益活动，被媒体报道后，很多人看到给人做饭也可以成为一种爱心表达方式，就会找机会为身边的孤寡老人做顿饭……他们的行为都是因为你做饭这个举动引发的连锁反应，这就是中级软生命的影响力。

不是每个人都要做出惊天动地有影响力的大事，只要你对别人产生了好的影响，并被人们记住了，就会产生中级软生命。根据你所做事情影响力的大小和深度，以及影响范围的大小不同，所产生的中级软生命值会不同。但是，中级软生命是每个人都可以产生的，它的影响力远超初级软生命的影响力。

高级软生命及其影响力

软生命值 =100—1000

如果你的行为和创造的事物能够影响到一个国家的发展，并在国家历史上留下了记载，这样产生的软生命就是高级软生命。他们不但影响了自己，影响了他人，还对他人产生了改变命运的影响。

高级软生命相对于中级软生命来说，影响范围更广，影响深度更大，影响力的作用时间更长，同时也需要付出更多的努力，做出极大的贡献。但是当你的中级软生命值被提高到一定程度的时候，就会转化成高级软生命。与此同时，你的生命层次也得到了升华。

比如徐悲鸿，无论是他的国画、油画还是素描、书法，在中国近现代艺术史上都占有重要的地位，在国内外享有一代宗师的盛誉，国际上称他为中国近代绘画之父。

不仅如此，徐悲鸿自法国学习绘画回到祖国以后，就专心致力于艺术方面的教育。中华人民共和国成立后，徐悲鸿任中央美术学院首任院长、中国美术家协会主席，建立了中国现代美术教育体系，为美术教育工作倾注了毕生的心血，是中国现代艺术家、美术教育家，其影响力举世无双。他为后人留下他的梦想与信念，无数人为此会永远纪念他，他也因此拥有了高级软生命。

超级软生命及其影响力

软生命值 =1000+

你的行为或创造的事物达到了影响世界历史进程的程度，所产生的软生命就是超级软生命。超级软生命是没有边界的，它产生的影响力代代相传，不会因为时间而改变。

比如，爱因斯坦、牛顿、爱迪生、居里夫人、伽利略……这些科学家的研究理论和发明成果，一次次改变着人类的认知，让人类走出愚昧无知，变得更加智慧。释迦牟尼、老子、孔子、马克思、毛泽东等思想家，他们是人类思想史上的一座座高峰。"杂交水稻之父"袁隆平不仅解决了中国人的粮食问题，让中国水稻的产量保证了中国人的需要，他的杂交水稻还被推广到全球 30 多个国家和地区，为世界粮食安全带来了福音。像他们这样为世界做出贡献的人有很多，而他们对世界的影响也是无限的，这些人的软生命就是超级软生命。

值得注意的是，所有的生命值，都是从同一个"奇点"开始，不管最终到达哪个级别。软生命本身是一个开放的命题，每个人都有自己所追求的生命意义。生命也一样，它只能引导我们以延长生命价值为人生基准，提高时间商，不是绝对的否定某一种生活，或肯定唯一答案。软生命和时间商一样，只是我们需要植入体内的双核思维。

软生命值的计算

既然软生命是有对应数值的，那么，如何计算出这个对应数值呢？

经研究发现，由于一个人的影响力不是恒定不变的，对被影响人的作用时间也不是一成不变的，所以我们无法求出一个十分精确的软生命值，但可以得到这样一个公式：软生命值 $S=T×C$，也就是：影响他人的时间（T）乘以有效影响的人数（C）。

用这个公式，我们能够计算出指定的某一行为或创造出的事物在某个时间段所产生的软生命值。通过把每一个行为或者创造的事物产生的软生命值累加，就能够计算出你指定的某一时期的软生命总值了。计算中我们还发现，一个人的影响力越高，他的软生命值也就越高。

列举两个例子，便于大家清晰地了解如何运用公式进行软生命值的计算。

依然以书为例。一本书出版之后，假如有10万人购买并阅读，平均每人看完此书用时2小时，十年后大约有30%的人记得这本书。那么，出版此书所产生的软生命值 = 2×（10万×30%），结果大约为2500天。

也就是说，这本书出版后，我的软生命值就能增加2500天。

除了这些直接的影响，每一个看过这本书的人可能或多或少会把书中的内容讲给别人听，无论是他把书的内容讲给别人听的时间，还是别人听了这本书而受到影响的时间，都是写书这件事给我的软生命值增加的时间。另外还有一种可能是，如果有其他人在写作，或者以其他形式发布的作品中提及本书中的观点，那么覆盖的读者阅读时间，也能增加我的软生命值。

只要做过一次有意义的事，既可以增加软生命，也能激励我们成为更好的人，从而影响更多的人，不断地增加自己的软生命值。

再以我曾经创作过的歌曲《国色天香》为例，李玉刚在2017年央视跨年晚会上演唱了这首歌，假如收看晚会的观众有100万人，每人花3分钟听这首歌，这些时间就是李玉刚演唱我的歌影响别人的时间，而假设这首歌影响了其中的1万人，那也是将近20天，如果再加上他举办演唱会、参加各卫视节目的演出时间，能对他人产生影响的时间就更多了。而这些值都等于是我软生命的增加。

而且这首歌的流传和演绎并没有结束，它的影响力还会继续增加，我的软生命也还会因此而持续增长。活了多少岁，只是你的硬生命，如果短暂的人生创造了无限的影响力，那么增加的软生命的长度和宽度都足够广大。如果生命不以活着的年限去计算，而是以活着的意义也就是软生命去计算，即便只剩下一天的生命，也可以让这一天的影响力无限地延续下去。可见，软生命就是最高级的时间商。无所事事的人随处可见，忙忙碌碌一事无成的人也不在少数。成功与否从来不与时间成正比例，只有有正确目标的时间投入，才会产生我们想要的结果。

唤醒软生命

软生命犹如"沉睡的狮子"，要用恰当的方式唤醒它。

软生命对于每个人都有着非同小可的意义，它证明着你人生的价值、能力的展示，更彰显着你的精神追求。虽然它摸不着也看不到，但却以最大值存在着。宏观上，它是人类文明的集合，微观上，它是每个个体将正能量释放后得到的"果实"，是一个人生命的延续，是爱的传递。因此，软生命是你在这个世界上存在过的一个证明。

人人都可以拥有软生命，甚至从出生起就自带软生命值，要想让自己拥有更高等级的软生命，必须先唤醒它。那么，该如何唤醒软生命呢？

唤醒方式一：增加记忆点

记忆点，顾名思义，就是可以记住的点。指的是让人印象深刻的片段、事情、场景等等。也就是说，10 年 20 年之后，想到那个点，便可以想起与那时相关的人和事。什么样的事情可以增加记忆点呢？

1. 能被留存的事情

作家写书、画家作画、音乐家作曲……这些可留存，可流传的事情，如果你正在做或者有做过这样的事情，那么你的软生命，就会随着它的流传而不断增加。

2. 事关生命的大事情

救人于危难，见义勇为，救死扶伤等，如屠呦呦发现青蒿素，袁隆平发明杂交水稻……事关生命，无论是平凡人的一次举手之劳，特殊岗位的理所应当，还是学者的锐意进取，都是人生的记忆点。当然这样的事情并非每天都能发生，也不是人人都可以做到。

3. 有惊无险的小事情

如果与生命无碍，有惊无险的小事情，也是增加记忆点的元素。比如我们经常坐飞机去旅行，对坐飞机已经毫无感觉，但是突然某次遇到大气流，就会记忆深刻；山谷旅行时迷路而手机又没有信号，经过一天才被人找到，想必也是一次记忆深刻的旅行。

例如，我的一辆越野车上，至今还留存着一个黑熊的掌印。一次，我和朋友去野生动物园，一只黑熊企图拉开车门和我来个亲密接触。但因为车门是锁着的，所以黑熊用爪子挠了一下车门。虽然当时情况很惊险，但是事后想起来，却是一次特别的经历，所以车上的爪印到现在都一直保留着没有重新修复。

4.有趣的事

假如每天早餐你都是在餐桌前，吃根油条喝一杯豆浆，并且每天早上都是做着几乎相同的事情，吃着相同的早餐，日复一日年复一年，这并不是过了很多不同的每一天，而是一天的不断重复。可是有一天，你独自一人去爬泰山，费尽千辛万苦登顶，饥肠辘辘时遇到了友善的旅人，他分给你面包还和你相谈甚欢，你们一边吃着面包，一边看绝美的日出。虽然这个早餐看似很随意，但可能很多年后你都不会忘记这个早晨，也一定会和许多人津津乐道地说这件小事。原本平凡的早餐中加入了不同于日常的乐趣，就增加了一个新的记忆点。

唤醒方式二：提升闪光点

记忆点是对个人而言有影响力的事情，但是想让自己的软生命增加，还需要更多地将自己的记忆点提升为闪光点。什么是闪光点？那些可以带给更多人影响的记忆点就可以称为闪光点。

闪光点需要更多的体验和主动构思自己的人生，主动进行策划，完成所有的构想等；你影响了周围的人，让大家也忘不了这一天。那么，什么样的事情可以增加闪光点呢？

1. 有创意的事

自从有了赚钱的能力，我就开始给母亲过生日，可能很多次生日她都不记得了。但是有一次她一定记忆深刻。那次我想了一个小创意，预先谁都没有提过生日的事，只告诉她去附近的一家餐厅。她一出门我就安排陌生人给她送了一束花，走一段路后，又有人给她送了一束花，她带着疑惑到了餐厅坐定，又有人给她送了一束花，之后送生日礼物，最后我们所有人出现。母亲很感动地说这是她过得最特别的生日，至今我们也会常常提起。而每提起一次，我和她都会重温一次当时的幸福，这是一次闪光的幸福，也是软生命的又一次延长。

2. 有爱的事

爱于每一个人都非常重要。人们常常把人生比作是一次旅行，不断有人上车成为你的同伴，也有人下车，离开你的身边，来与去之间，不免会让人觉得失落和孤单，可最终又不至于绝望，那正是因为我们有爱。父母爱我们，给我们家的温馨和触手可及的温暖；朋友爱我们，我们会得到被理解的喜悦和被支持的力量；恋人爱我们，我们会沉醉于爱恋的甜蜜……个体在爱中被理解，在爱中确认自己的存在和价值，这就是为什么爱弥足珍贵。就算一个人费尽心力不断提高 A 值，获得更多的物质财富，却没有去付出爱，扩大自己的积极影响力，即提高 C 值，继而得到爱的回馈，那么他的人生依旧是空洞的。正如我一直所提到的，我们要去体验，创造，要去关爱他人，继而散播，收获更多的爱，这样才能在有限的硬生命中无限延长软生命。比如我们力所能及地去帮助弱势群体，就会使看似平淡的日子焕发出无限生机，因为爱有"点石成金"的魔力。

唤醒方式三：重建支撑点

相信你在职场上一定遇到过这样的同事。他们在公司做了十几年，但还是待在原来的职位，没有大的变动。当你去问他的时候，他可能会告诉你："公司给我多少工资，我就干多少活。"

每当遇到这样的人，我就会觉得很惋惜。他没有意识到，自己在工作岗位上，所有花出去的时间，都是自己的沉没成本。

时间是一去不复返的，如果你没有意识到它的可贵性，就会误以为自己在"为别人打工"，也就会根据公司给你的薪水，决定自己付出多少劳动。但实际上，这是一个恶性循环。当你的思维停留在"为别人打工"，职业生涯就注定难以取得突破性进展；难以取得进展，就更加得不到重用。就这样，自己的时间和个人价值双双沉没，而你却还振振有词地说："公司那么抠门，我没必要那么努力。"

其实，这样做，你是在浪费自己的时间和生命价值，所有以时间为计量的成本，都是不会再回头的成本。钱没了可以再赚，时间没了，就真没了。

所谓支撑点，就是指我们努力做事和生活的动力。每个人活着，都有各自的支撑点。这个点就像撬起地球的那个支点，一旦找到了，它就会坚挺不动摇。无论遇到什么阻力都不会放弃，哪怕献出生命。

追求物质，已经是很多人普遍最直接的支撑点。我们追求品牌产品，追求热销品，可是随着边际效应递减，它们带给我们的幸福感也越来越低。

把金钱作为支撑点，你会渐渐地发现，我们的努力赶不上物价飞涨，银行的存款可能在北京都买不到一个卫生间，人生瞬间变得晦暗，了无生机。

把权利、升迁当作支撑点，你会发现一山更比一山高，而自己欲壑难平。或者忘记了权利的本质等于责任，而不是一己私欲；又或者在权利面前迷失自我，失去自由。这样的支撑点，在生命价值面前一文不值。

把孩子当成支撑点，很多父母都把孩子当成自己的私有产品，但我们和子女的关系就好像一个合资公司，父母只不过是子女的一个小股民，只有建议权与冠名权，没有决定权。所以相爱相杀，中国式父母在爱与痛的边缘匍匐前行。

人生真正的支撑点应该是梦想、信仰，也是带人走出迷茫的明灯。也就是说，这个支撑点，对于每个人来说，都可以增加软生命。

生命高于一切，以增加生命为支撑点，足以打败任何艰辛。凡是能增加软生命的事情都是正能量的事情，把做好事做有意义的事，作为生命的支撑点，在人生的各种选择题面前，我们都会交出满意的答卷。

软生命没有时间限制，可纵观以上所说的支撑点，你会发现，其实每一个支撑点都不过是一个特定年龄阶段的支撑点。大部分人对物质欲望的渴求都会随着年龄的改变而改变，这也是为什么很多老人退休后都会对自己的生活感到很迷茫。因为，突然间闲下来，没有了精神寄托，不知道做什么好，他们的支撑点忽然消失了，曾经以收入、养家为支撑点好好工作，如今收入稳定，也不用工作了，就没有支撑点了。

可见，这些支撑点，本身就会不断变化，是支撑不住的"支撑点"。所谓支撑点应该是恒定不变的，始终鼓励支撑人生前进的那个点，有的人为学习，有的人为赚钱，有的人为成名……

可能前进过程中的支撑点各不相同，但是如果一定要找一个共同点，以延长软生命为人生的支撑点，对于任何年纪的人来说都不晚，任何时候也都不会改变。

　　一部根据真实事件改编的电影《热气球飞行家》，故事发生在 1862 年的英国伦敦，名为"猛犸号"的热气球即将升空。而热气球上有两位乘客，他们所要挑战的是人类的最高飞行纪录，这也是人类有史以来最接近天空的一次探索。热气球能飞多高，或者说人类能飞多高，在当时都是未知数。也正因此，才让人们产生无限的憧憬。两人能够聚在一起完成这项壮举，其实并非易事。其中一位本是英国皇家协会的气象学家，年轻的他有一个远大的抱负：希望通过对大气层的长期观测，从混乱的气象中寻找到秩序的存在，帮助人类观察和探索天空。气象观测需要大笔资金的支持，然而，向皇家协会寻求资助的詹姆斯，却遭到了其他科学家的无情嘲笑。但詹姆斯非常坚定。几经周折之后，他找到了经验丰富的热气球飞行员艾米莉亚。虽然她也正处在人生的低谷中，但共同的梦想和坚持最终促成这场伟大的冒险。升空后的种种波折和突发的天气状况带来的危急时刻令所有人为他们捏一把汗。万幸的是，两人凭借着无与伦比的勇气创造了全新的飞行纪录，迈出了人类探索天空的重要一步。可以说，探索天空，留下属于自己的纪录，就是他们的支撑点。正是因为找到了这样具有意义的支撑点并为之持久努力，才让他们的生命熠熠生辉，即使在今天依旧被人们传颂，软生命也得到了无限延长。

由此可见，只有让自己的支撑点提高，生命才会发出耀眼的光，才会有效地增加自己的软生命值。当然，生命不会真的延长，无论时间商还是软生命，都无法真正让人"再活500年"，但是却可以让我们"活"得更有意义，"活"得更久。也正因为以延长软生命为支撑点，我们才会看到那么多优秀的人，为人类的发展做出杰出的贡献，一些人在危急关头不惜献出生命，还有那些日夜奋斗在我们看不到的地方的人，守卫他们觉得值得的梦想。

很多人不理解那些以大爱为支撑点的人，认为他们都很傻。而事实上所有的美好，所有的进步，不正是这些"傻"人为我们创造出来的吗？相比普通人，那些甘愿做"傻子"的人，他们的人生才是更有价值的，软生命值才是最高的。

重塑支撑点，拥有自己的思想体系，有尝试新东西的勇气，能够接受别人对自己的不理解或者是批评。走出一条少有人走的路，才是对软生命的致敬。

提高软生命值的原则

时间是"王",做任何事之前它都要优先。

当我和很多人聊起我的经历和时间商的时候,很多人或多或少都存在质疑,觉得我和我的经历都是个例。每个人的人生都是不可复制的,其实我的个例更加证明了每一个普通人,只要提高自己的软生命意识,都可以延长"生命"。那么它的秘诀是什么呢?答案很简单,就是前面说过的底层思维。提高时间商要有底层思维,提高软生命值也一样。那么,软生命底层思维的表现形式是什么呢?

一、时间高于一切

既然讨论的是关于时间的问题,那么在我们的底层思维中,首先要明确的就是我们在思考任何问题和价值的时候,都要"时间"优先。时间的成本、时间的消耗、时间的附加价值等等，不管你原有的思维模式是怎样的都要在原来的基础上加上时间，换句话说，时间商也可以用于思考一切问题。

二、爱高于一切

这个"爱"，是爱心、爱好、偏爱。因为时间商记录有价值的时间，让时间变得有价值，万事万物唯有自愿主动地去爱，心怀真诚地去爱，所产生的事件才会有价值。因爱而生的所有事件才会是我们自愿做的，才会带给我们由内而外的幸福。

三、求不同高于一切

"我们不能两次踏入同一条河"，时间永远是唯一的，有限的，那么什么事情才是有意义的、有价值的，值得被记忆的呢？只有做能不断创新的事情，影响力大的事情。当有若干的事情在同一时间出现的时候，那个影响力最大的事情要排在最优先的级别；当我们做任何一件事的时候，一定先思考怎么才能更加与众不同。

提升软生命值的意义

人生就像驶入平坦宽广的专属赛道，可自由选择想要驾驶的"车"。

　　如果说我们的人生就是一条奔向终点的赛道，那么具有不同思想意识的人其实就行驶在不同的道路上，从出生到死亡，是每个人的必经历程，道路不同，风景必然不同。

　　这个道路不关乎出生的家庭、阶层、国籍，大多数人从一出生，走的都不会是一条平坦的道路，因为无论贫穷富贵，境遇好坏，各人有各人的迷茫和烦恼。就好像行驶在一条还未修建齐整的洼地上，磕磕绊绊一路颠簸，缺少指引和目标，不知道开向哪里，可能还要躲避各种迎面驶来的车，防备随时准备超车的同伴。

　　而当一个人同时具备了时间商和软生命的意识的时候，人生就像驶进了公路赛道，不仅路面越发平坦宽广，还拥有自己的专属赛道，自由选择自己要驾驶的"车"，会接收到明确的指引，车该如何行驶，这条公路赛道，就是你的梦想之路。试想，同样的生命长度，速度提高了，可以行驶的路程就长了，这就是我们软生命的长度。

生命就像水一样，可以以不同的形式出现，我们不光可以追求表面的固定形态，凝固时间，更应该让生命流动起来，奔腾汇入大海，虽然我们已经看不见原本流淌进去的生命的样子，却知道这生命必将随大海无穷无尽。这正如我们努力提高软生命，即使最终硬生命已经消亡，但生命的意义却被永久保留。

提高软生命值的意义之于自己

试想，你行走在下着大雪的路上，偶然间瞥到洁白的雪地里，有一张红色的钞票，你的第一反应是什么？

大多数人的第一反应是走过去把这 100 元捡起来。这时，你看到周围的行人也留意到了这张钞票，大家产生了同样的想法，都在朝着这 100 元走过来。那么，最后谁能顺利拿走这张钞票呢？实际上，谁都不敢肯定自己一定能拿走这张钞票，因为大家将精力放在了防范别人拿走那张钞票上。

通俗地说，这张红色的钞票，就像是在追求成功的路上，展现在所有人面前的成功机会，人人趋之若鹜。大家费尽气力，争得头破血流，却鲜少有人注意到其实自己的周围还有一大片洁白的雪地。没有人会去想，这里刚下过雪，地面上既然有100元钱，会不会还有其他一些钞票被雪覆盖了，就藏在雪地里。也没有人会去想，离这里稍微远一点的地面，是不是也会有红色的钞票？人们往往会认为"这100元就在眼前，我已经看到了，就有机会取得成功"。由此可见，绝大多数人，只是一味地追求眼前的既得利益。

在人们的价值观里，成功只有非常单一的衡量标准。就如在雪地里捡钱，拿到钞票就等于获得了成功，没拿到钞票就是失败。而我们的人生，怎么可以用这样单一的标准来衡量呢？如果你具备时间商，就会知道，人生可以具有无限的可能性，可以发挥无限的潜能去获得成功。如果你有软生命的意识，就会知道，生命的意义有很多实现的形态。

拥有时间商的人，看到这条路上挤满了人，他首先会评估自己的实力，是否能够确保拿到这张钞票。如果不能，他会立即掉头走开，看看雪地里其他的地方是不是可能埋着更多的钞票。也许，他会发现雪地下埋着很多的钞票；也许他找到的不是钞票，而是珠宝……即使他什么也没有发现，他也不会让这一天的经历白白浪费。他会在具备时间商的同时，用软生命为自己赋能。比如说，如果他是一名经济学家，可以根据这一天在雪地里的体验，写下值得验证的经济学理论——"钞票效应"。如果他是一名画家，可以在雪地里席地而坐，拿出画板，把眼前这些人们争抢钞票的画面留存下来，让更多的人看到这个场景。

不要只是去踩大多数人踩过的雪，勇敢一点，去探索那些无人之地，去新的地方留下你探索的脚印。用不同于其他人的思维创造出对社会有价值的作品，通过增加自己的软生命值，获得更大的利益。也许你会得到世俗意义上的成功，也许你会开辟出另外一条道路。但是无论如何，你的人生字典里将不会再有"失败"二字，只有尚未意识到的时间商和尚未被开发的软生命。

2019年10月份，我的画作拿到了国际大奖——佛罗伦萨双年展"文艺复兴"奖。朋友们都来祝贺，但很少有人知道我获奖的秘密。双年展就像那张红色的钞票，你想得到它，总有一些人跟你一样也想得到它。如果按照常规道路去跟大家争夺这显而易见的"红色钞票"，我肯定是得不到的。因为在2019年4月前，我还没有摸过画笔，只是一个小白，甚至在参展前，还被美术界权威"笑话"，说我不自量力，竟然敢去参加双年展。可是越是权威，我越有兴趣挑战。

为了纪念达·芬奇逝世500周年，2019年佛罗伦萨双年展的主题定为"艺术与天才"。达·芬奇就是一个跨界天才，在科学、数学、解剖学、天文学等领域都有卓越的成就，巧的是跨界正是我最强的武器，即使是艺坛新人也没关系。我仔细研究后发现，在全球报名的几千位画家当中有数百人是知名画家，而生物艺术领域，只有不到十个人是有名的。依照雪地捡钱理论，生物艺术就是那些未被充分探索的洁白雪地，这样参与竞争的人数就从几千缩减到不到十人。依照理论，我除了闭门三个月搞创作，还要发挥自己的多维竞争力去探索，而不是盲目地"扫雪"。

比如，面对我参展的作品，我就尽可能地利用多层创意，来增加自己成功的概率。

第一层，我用自己的免疫细胞来作画，我的参展画作是世界上第一幅用画家本人免疫细胞创作的作品；第二层，我在画作中加入了自己的DNA；第三层，我添加了韩国科学家获奖的一个特殊材料，当人们站在画前，就会感受到画作能量的影响，这同时也是世界上第一次运用美国FDA认证的量子新材料作画。我用这三层世上从未有过的全新创意打败了99%的竞争对手，拿到了国际大奖。这不是运气，而是我对雪地捡钱理论的理解与运用。如果不具备雪地捡钱理论，光是听到"双年展"就已经觉得高不可攀了，又怎么可能会参展呢？许多人穷尽一生都没有勇气去行动，就是因为，只想着那显而易见的"红色钞票"，却没有勇气去探索鲜少有人走过的路。运用"雪地捡钱理论"，可以让我们获得成功，并不是我的智商和情商比别人高，而是我更早地掌握了时间商，唤醒了软生命。

提高软生命值的意义之于家庭

在家庭中，对于爱人、父母、子女，我们会发现，越是亲爱的人，可能越不会沟通，彼此相爱相杀。可是如果这个家庭成员都唤醒了软生命呢？

如果其家庭成员的软生命等级都是初级，那么这个家庭的关系一定不会好，成员间的感情一定是淡薄的。每个人都只为自己，从自己的需求出发，在家人面前说的话做的事，几乎是下意识的，不懂得感恩，更不懂得爱不是天经地义的。

相反，软生命值高的人，想的不是自己，而是如何通过自己影响更多的人，从情感上讲，不光是爱自己更是爱家人，不光是影响自己，更是要影响自己的家人。以家人感受和影响力为基础的沟通，必然是和谐的。

软生命值对于家庭的意义，还在于互相延长。如果一个家庭中每个人都有软生命的意识，那么即使软生命值不同，也必然在家庭内部形成一个回音壁，互相影响，最终都会无限接近家庭最高值。

而在家庭这个最小的社会单位里，最容易做到的就是人与人之间的相互影响，如果一个家庭都是软生命值高的成员，他们也将会把自己的软生命值带到各自的社会角色中，继续扩大影响力。

提高软生命值的意义之于社会

影响自己，影响他人，用通俗易懂的话来说，其实就是让我们做一个好人，一个对社会有益的人。一个对社会有益的好人，必然是一个软生命长的人。我们来看几个很简单的例子。

医生救死扶伤，可以挽救无数生命，给自己和无数个家庭带来深远影响。那么是不是每个医生的软生命都很长呢？门诊医生、手术医生、药房医生、科研医生，虽然都是医生，但是对病患的影响程度不同，软生命值也不同；技术高超的医生和庸医对患者的影响程度不同，软生命值也不同；如果一个有软生命意识的医生，一定会力争去做那个最优秀的医生，给自己和他人带来更大的影响力。

作为教师，教书育人，影响一代一代的人，那么所有老师的软生命值都是一样的吗？当然也不是。优秀的老师不光教给我们知识，更会育人，让我们的人生可能都会因此改变；而普通的老师可能只是照本宣科，除了应试，什么都没留下，这样的老师并不会影响到我们的生命。那么如果一位老师具有软生命意识，想要提升自己的软生命值，他一定会让自己成为那个优秀的真正的授业解惑的老师。

对于普通岗位上的每个人来说也是一样的。一次旅行中，一位外籍餐厅服务员，为我上菜的时候，一手托着盘子，一手背在身后，双腿有节奏地弹跳着，脸上洋溢着由内而外的笑容，那个笑容我至今忘不了，他虽然是一个普通的服务员，但是他由衷地热爱自己的职业，至今我在这里说起，也是因为他影响了我。这就是平凡的人，也可以提升的软生命值。

热爱自己的岗位，做本岗位上优秀的人，这是一个社会和谐进步的基础。提高软生命力值不仅会为个人带来利益，还会为社会创造出更宝贵的价值。

如何使软生命值产生复利效益？

我们知道，软生命值与个人影响力有着密不可分的关系，一个人的社会影响力越大，他的软生命值就越容易变大。如何扩大一个人的社会影响力呢？答案是，传播。

佛教创始人释迦牟尼在悟道之后，足迹遍布恒河流域，向各阶层说法教化，才会有了佛教如今的影响力；儒家学说创始人孔子携弟子周游列国，将儒家思想带到了各国；西方的天主教徒不远万里来到中国大陆传教，百年来的宣传，令教堂已遍布全中国……

一个普通的建筑物静静地伫立在天地间，大家不会想起是谁建的，更不会去关心它存在的意义。而建筑大师贝聿铭的建筑作品，如美国华盛顿特区国家艺廊东馆、法国巴黎卢浮宫扩建工程，每天被无数游客参观，只要有人记得这些是他的作品，就是在增加他的软生命值。

传播让软生命值以几何倍增的速度不断延续着。但是，不是所有的传播都能起到增加软生命值的作用，因为普通的事物，是无法被人们赏识的，是不被人们大脑记录的；同时并不是所有的信息和成果都值得传播，只有那些积极的，有创造性的，给社会带来积极影响的事情才值得传播，从时间商的角度来看，就是那些可以填入我们生命格子的事情。所以，如果每个个体都意识到软生命，并积极付诸努力去延长它，努力去扩大自己的影响力 C 值，不仅会催生具有高贵品格的无名英雄和优秀个体，也会孕育异彩纷呈的不同形态的文化精品和积极向上的社会风气。

小到个人，大到国家、人类历史，无论我们是否承认，正是不同个体软生命值的不断提高，推进着历史的进程，而未来，我们每一个个体的软生命值，还将会贡献不可估量的价值。

软生命：人类进化永不停止的秘密

硬生命可看作是一个封闭系统，而软生命就像
是外力做功，丰富活着的内容。

如果遇上阿拉丁神灯，可以许一个愿望，我想很多人都会毫
不犹豫地选择，延长生命。生命的重要性无须赘述，从古至今，
无论谁都无法逃避生死。所以活着的意义，也就是软生命变得
尤为重要。虽然，不能延长生命的长度，至少可以丰富活着的
内容。

时间就是生命，软生命关乎时间，关乎生死，却不仅仅是时
间和生死这么简单，它不是一个孤立的系统。软生命的觉醒和
增加更像是达尔文的进化论，"物竞天择，适者生存"，事物
都是不断发展进化的，人活着就是不停进化的过程，一个从低
向高进化的过程。增加软生命值，才能让人类的进化永不停止。

理论上讲物质是一个自然衰竭的过程，屋子不收拾会变乱，

手机会越来越卡，耳机线会凌乱，热水会慢慢变凉，太阳会不断燃烧衰变……直到宇宙的尽头。当我们知道时间商的存在却并不按着时间商的规律去要求自己的时候，最终只能沦为时间的奴隶，看着优秀的人越来越优秀，从怨天尤人到自暴自弃。

一个人如果没有增加软生命的意识，就等同于在向消亡的方向流动，他们在原本有限的硬生命中肆意挥霍，浑浑噩噩，所谓的人生意义和目的不过是小我私欲，没有强大的支撑力推动，完成真正的自我管理几乎不可能。而这些生命的过往，按照之前提过的时间商逻辑，都是不值得被计入生命格子中的，更谈不上对软生命的增加。而生命的本身应该是一个自律的过程，即一个不断增加软生命长度的过程。如果不是在时间商体系下，以增加软生命为目标活着，非但不会活出精彩，反而会让生命不断地自燃消耗。

人的硬生命可以看作是一个封闭的系统，没有人有办法修改它的设定，但是软生命就像是外力做功，如果一个人的生命中，没有软生命的意识，也就是无外力做功，那么整个生命，就会趋于混乱和无序，直到走向消亡。也许你会觉得这并没有什么，因为人有生就会有死，这不正是定律，但是这种生命的消亡和宇宙间任何一个物品从混乱无序到死亡是一样的意义，唯独失去了生而为人的骄傲轨迹。

第五章

转化时间
时间商提升职场竞争力

人生四境界理论

人的一生就像一个地球仪，因不同的选择会拥
有不同的时间轨迹。

"重要的不是如何发生，而是如何被追忆。"——《追忆似水年华》。如果说时间就是生命，那么人的一生正是由各种各样的记忆所组成的。记忆不是因为我们从出生到死亡，经过了3万多天，就有了3万多天的记忆，而是因为这3万多天中的某一些天，发生了某一些事情，才会被记住。

也正是这些记忆点，可以让人和物品、动物有区别。从时间商的角度，我觉得时间是空间和人的关系载体。人的一生就像一个地球仪，他一出生就在地球仪上定位了一个坐标，此后他每时每刻发生的事情都会有自己的坐标，在地球仪上做定位，直到这一生完结，有的人的地球仪上已经密密麻麻写满了坐标点，而有的人还是单调得一目了然。这些无形的线，就是时间

的轨迹，也是一个人活过的记录。

这些坐标，都有两个维度，一个是物理坐标，一个是功能坐标。茶楼里的吊灯，生产完成后，就定位在了茶楼的位置及时间点上，因此它的物理坐标就单一地定位在这个点上，而它的功能坐标就一个作用，照亮来茶楼喝茶的人。也就是说，灯这个物体属于一种物品状态。物品的状态永远只有一个点，因为它没办法自己移动，一生结束的时候，依旧是一个点。其实，人也可以根据物理纬度和功能纬度不同划分成物品、动物、人、神四种状态。

第一种状态，物品的状态。

回到家中，看到客厅悬挂着吊灯，地上铺着地砖。当你转身离开，吊灯嘲笑地砖，我那么美那么高高在上，而你永远在地上被人踩踏不被注意，等等。吊灯觉得自己高地砖一等，实际上无论是吊灯还是地砖，都只在同一地理坐标，而它们的功能纬度也很单一，就是照明和铺地。

有时候人也会处在这样一种物品的状态，物理坐标固定，功能坐标单一。处于物品状态的人，虽然是人类的状态，但已经失去了行动力，失去了时间和自由，生命的意义和价值已经大打折扣。对于传统的中国人来说，会被要求好好学习，将来找个好工作。什么是好工作？大部分人认为稳定的金饭碗就是好工作，但是如果从物品的角度来看，某些金饭碗也不过就是一种物品的存在，每天上下班时间，工作内容，发展轨迹，从你入职的第一天就已经确定了你的活动轨迹。你的物理坐标虽然在动，但其实你活动的空间是非常有限的，相对于人的一生和宇宙，这依旧只是一成不变的点。如果工作内容越重复，功能属性就越单一，换句话说就越接近物品状态。

第二种状态，动物的状态。

功能坐标可以吃喝与繁衍，物理坐标可以自由移动。2017年，在非洲塞伦盖蒂大草原上见识了动物里迁徙能力最强的角马，它们每年大约要迁徙 3000 公里，迁徙途中会有很多角马倒下，没倒下的同伴们就会踏着它们的尸体继续前进，不停地走。虽然有 3000 公里的物理坐标移动，但是它们的功能坐标很单一，只是为了有更充足的水和食物。为了避免物种消亡，尽管危险重重，角马不得不来回迁徙。活着和繁衍，虽然已经超越了物品状态，但却永远是在漂泊流浪。人在什么情况下会接近这种动物的状态呢？无家可归的人，他们没有固定的住所，从一个地方流浪到另一个地方，努力维生，这就很接近动物的状态。即使现在，世界上也依旧存在一些原始部落，人们的追求还单一地停留在为生存而努力的状态。流水线上的工人，每天两点一线往返的白领，甚至一些所谓的成功人士，仔细想想，其实和动物的状态区别并不大。只是在一个相对自由的空间内实现自己的功能，每件事情和每个地点说起来可能都是不同的经纬度，但是从一年十年甚至一辈子的生命长度来看这个状态，其实就是不停地迁徙。

第三种状态，常人的状态。

大部分人都处于常人的状态，我们生活在不同的国家，按着各种"应该"的状态成长、学习、工作、结婚、生死，遵守所有"应该"的事情，虽然千人千面，但确是同样的轨迹，这就是人之所以成为常人的状态。我们既不想成为失去自由的囚犯，也害怕无家可归到处流浪，所以我们守着自己的坐标，遵守为人的本分，但是其实，跳出人的状态，还可以有一种"神"的状态。

第四种状态，"神"的状态。

这种"神"，不是像《聊斋》里的神仙，也不是让人"修仙"。就像有的人活着，他却已经"死"了一样，有的人虽然是人，但他已经是一种"神"的存在。"神"的坐标是可以任意游移的，今天想去南极，就变一道光飞过去；喜欢王菲不是去看她的演唱会，而是想和她一起唱首歌，那就去唱了。这种极致的状态让"神"一生的坐标像地球仪一样，密密麻麻地连接着经纬度。现在很多人都喜欢旅游，可能一年出国好几趟，飞来飞去，去巴黎买最时髦的衣服，去美国看歌舞片，去英国闻闻文学的味道……然后享受朋友圈的分享和来自陌生人的点赞，这些依旧是人的存在，因为这些移动仅仅是一个物理坐标状态。

那么什么是真正的"神"呢？神是无限扩大 C 值的人，他每天每时每秒只做可以让自己生命赋能的事，因此在他的世界中，他是超越世间事物的。在这样的境界里，最高的成就是和世界万物合一；在这种和世界的融合中，他也超越了外在条件的重重束缚。比如，想去伦敦的广场看鸽子，人首先会想，没有时间啊，请假会不会耽误我的业绩，机票那么贵，时间那么长……总之，当人不想做一件事情的时候，他会有一万条理由，但是"神"做事只有一条理由，就是"我想"。于是，人想了一想继续工作，"神"想了一下，立刻买了一张机票，去伦敦看鸽子喝杯咖啡，然后回家继续工作。从新闻上看到梁朝伟说自己闷了就会买一张合适的机票飞去伦敦，在广场上喂鸽子，然后再飞回来，很多人会觉得太有钱，太闲了。其实这也是人的思维。人根本想不到"神"其实并不是人在财富上的升级，而是更追求精神自由的人，在任何时候任何情况下，他们都想尽可能去做自己想做的正确的事，而不受世俗和"该不该"的约束。

近代国学大师王国维有一句堪称经典的论述："词以境界为最上，有境界，则自成高格。"其实何止是诗词，大千世界，万物众生，都莫不如此。大禹治水是境界，李时珍尝百草是境界，从容一世的杨绛是境界，为人类摆脱饥饿求索一生的袁隆平是境界……那么我们自己呢？穷尽一生想要达成的是哪种状态？对照自己，我想没有哪个人想成为物品和动物，甚至大多数人都想成为"神",可是我们却跨不过"人"这个坎儿,我们容易给自己界定很多的边界,不能这样,不能那样,我们无法超脱世俗的眼光,还要在世俗中评价"神"人。在我看来,"神"的所作所为,其实并不一定要人来认同。在中国电影史上,我认为《霸王别姬》无论从艺术角度看,还是从影响力的角度看,都是殿堂级作品,所以每当陈凯歌再有新的作品出现,大众总是要品头论足,说他江郎才尽,等等。确实,同一个人不同的水准,难免让大家有所质疑。但是如果我们运用人的四种状态来对照扫描,其实陈凯歌早就进入了"神"的状态。《无极》就是他自我封"神"的宣言书,前两种状态不用说,如果陈凯歌是停留在"人"这个级别的导演,他可能会因为自己有了一部代表作而自喜自满,甚至没有十足的把握不敢再轻易尝试,因为人言可畏,转眼,他可能就会被世俗的声音攻陷。无论陈凯歌拍什么都会有人拿来和《霸王别姬》比较,甚至无论他怎么努力,结局都注定不被看好。可是陈导已经进入了"神"的状态,《无极》讲述的就是一个人成为"神"状态下的思想。许多行业大佬到达巅峰后就会自动切入到这种"神"的状态,此种状态下的人想做,就做了,不讨好,不卑微,不为了什么而放低自己的需求。他不一定需要大众的认可,他只是拍摄他想要的东西。另一位和他比肩的大导演姜文,才华横溢,已经功成名就的他却拍了一部少有人看得懂的戏,叫《太阳照常升起》，很多人评论，不知道他讲的是什么，他自己评论说，"就我自己的东西，我也用不着你说看得懂看不懂"。他们一旦进入到"神"的状态，他们拍的作品，就可以无畏大众的不认可，可以不惧传统票房的衡量，因为他们遵循的就是自己的标准。

我们再来看看当今商界的一位传奇人物，马云。在互联网时代，他是当之无愧的商界精英，但是从"人神理论"上来讲，他已进入"神"的状态。马云爱打太极拳，邀请来了几乎所有的武打明星一起潇潇洒洒拍摄了《功守道》，喜欢唱歌，请来王菲一起演唱《风清扬》，谁也不用评论这些，它根本就不是一部作品，而是一种生活状态的呈现。按照我们时间商的量化理论，马云的能量值每分每秒用亿来计算一点儿都不夸张，但他可以为了自己想做的，而不再考虑公司、事业、生意、人际关系等等，用一个远远不符合境界规律的成本投入去做一件事，这就是"神"。

举上面的例子就是想说某一种状态某一件事儿是"神"，或者是人有没有带"神"的思维看。当一个人获得了金钱、权利，就会自信，自信后就不在乎很多东西。这并不是"神"，"神"是一种境界，是自我去实现，敢于去尝试新的事物。既可以像马斯克一样自己造火箭，也可以做个通过独立思考改变世界的普通人。

美国堪萨斯州的三名普通高中生受到历史老师诺曼的鼓励，

开始了一个研究名人的小项目，在这个过程中他们发现了"女版辛德勒"——艾琳娜·森德勒鲜为人知的事迹。学生在老师的指导下做了大量相关研究和报道，最终让这一事迹载入史册，同时也改变了艾琳娜·森德勒的个人命运，使她两获诺贝尔和平奖提名。所以我们普通人只要可以独立思考，探索未知，仍然可以改变世界。

无论是物品、动物、人、神哪种状态，时间本身的长度其实都是一样公平，只不过，不同状态和不同思想高度的人，创造出了不一样的价值，最终塑造了各自完全不同的人生。从读书到步入职场，只有把自己的境界不断提高，才能在每一个人生阶段从容面对，去体验，去创造，去爱。

职场，就是一场时间抢夺战！

提高时间的使用率，将时间用在刀刃上。

当你拥有了时间商，懂得了山后理论，就会跳出挤满竞争者的职场纷争，直接进入到新境界——专注提升自己，做既有利于自己发展又利于平台发展的事，另辟蹊径，绕开不必要的纷扰，开上属于自己的"快车道"。拥有了时间商就等于了拥有了两弹一星、全新的思维体系、有价值的支撑点、精密的扫描仪，知道了自己毕生的追求不仅仅是眼前的得失，而是生命的价值，也就能在职场发展中不断获得提升。

吝惜时间，过滤低价值事件

我并不是一个吝啬的人，但是因为我有时间商，在时间方面我却非常吝惜。我会拒绝很多约我当面会谈的客户朋友，尤其是那些刚具有初步意向或者目的不明确的会谈。因为浪费在交通上的时间，足以让我们完成其他更高效的事情。所以，很多事情，能用 10 分钟的电话解决的，我绝对不会浪费 2 个小时的路程去见面，往往最后得到的核心价值也只值 10 分钟。我会拒绝很多饭局，因为大部分的饭局都是在浪费时间。我要求我的同事们也尽可能地选择一流的合作伙伴，因为市场已经帮我们检验了他们的服务能力，虽然可能会多花一些钱，但是却会节省很多选择比较的时间，相比于多花在服务上的钱，浪费时间的感觉会让人抓狂。

你到公司的距离，就是你和同事的差距

选择一份工作的时候，首先要考虑什么？企业知名度、工作稳定性、发展空间、薪资待遇……这些都没错，但是我的建议首先是要考虑从你的住所到公司，需要多长时间？走路，地铁，公交车，驾车，这几种方式如何选择？

如果同样学历、职位、工作内容、福利待遇的两个人 A 和 B，一同入职。A 坐公交车在高峰期大概需要 40—60 分钟到公司。而 B 只需要走路 10 分钟就能到公司。工作 3 个月后他们之间的差距是什么？

如果每天的工作时间是上午 9：00 上班，下午 5：00 下班，

那么 A 每天至少需要 7：00 起床，半个小时洗漱吃饭，7：30
出门预留出堵车的意外情况，才能保证自己不慌不忙地开始一
天的工作。而晚上 5：00 下班后，至少 7：00 才能吃上晚饭。
需要注意的是，因为时间比较紧张，A 的早餐和晚餐可能大多
数会以便捷的简餐或者外卖为主。

而 B 的选择是，每天同样 7：00 起床，进行半小时晨练，
半小时阅读，时间刚刚 8：00，足够从容地进行梳洗打扮用早餐，
并在 8：40 从容出门。B 也可以选择 7：00 起床，为自己做一
顿丰盛的早餐，8：00 一边看着早间新闻，一边品尝自己的早餐。
当然 B 还有另外一个选择，一觉睡到自然醒，毫无疲惫，精神
饱满地准备开始一天的工作。晚上下班的选择就更多了。当 A
还在公交车上的时候，B 已经逛完超市买完了晚餐食材开始做
晚餐吃饭了……晚饭后他可以约朋友喝茶聊天，可以读书学习，
可以做自己想做的各种事……

看起来这都是生活琐事，但是日积月累，A 会觉得自己的工
作是需要起早贪黑吃不好睡不好，可是 B 会觉得自己的工作和
生活平衡有序；A 疲于在工作场所和家之间奔波，B 却可以利用
更多的时间充电学习；A 会觉得这份工作也不怎么样，从而产
生厌烦倦怠，B 却后劲儿十足，充满活力……那么虽然起点相同，
可以想象 A、B 的发展轨迹一定会不同。看起来上班路上的时间，
没有多少，但是累积起来呢？请大家看一组数据。

如果每天花 1 小时在上下班路上

1 小时 ×5 天 ×50 周 =250 小时

等于 31.25 个工作日在路上 也就是 1.4 个月

如果每天你花 2 小时在上下班路上

2 小时 ×5 天 ×50 周 =500 小时

等于 62.5 个工作日在路上 也就是 2.9 个月

如果每天你花 3 小时在上下班路上

3 小时 ×5 天 ×50 周 =750 小时

等于 93.75 个工作日在路上 也就是 4.3 个月

是的，如果你每天 1 小时的路程，你的同事是 30 分钟，甚至更短的路程。一年下来，他比你省了 200 多小时，如果按 8 小时工作日价值计算，就相当于一个月的时间。12 年下来，他就比你多了一年的时间价值。虽然，在路上的时间也是可以利用的碎片化时间，但是碎片化时间的整体价值并不如大块时间带给人的专注力和回报率那么高。

除了时间的利用不同，我们的经历损耗也不同。比如 A 每天经过 1 个小时的车程后，整个人都是疲惫不堪，可能还需要一定的时间来调整才能让自己恢复状态，满心只剩下随便吃一口饭，好好休息，对于学习、娱乐这些项目根本提不起精神了。其实，每一个人每天的意志力和精力都是有限的，你很有可能是被路途消耗光了你的精力。

时间价值的延伸

可能很多人会说，这个道理谁都懂，但是那个距离比较远的公司薪水真的很高，公司附近的房屋租金真的很贵。这是一个现实问题，充分地体现了时间商的高低，是看中眼前的钱，还是懂得你的时间也是具有价值的。看看上面给出的数据，距离较远的公司一个月的工资是否足够你期望工资的 1.4 倍？你是否有信心，用多出来的半个月的工作时间，创造更大的价值？

在这一点上的犹豫，跟房价高低异曲同工。

之前和朋友聊天，他正打算买房子，他想买套大的，住着舒服，但他的钱不够在市中心买他想要的 200 平方米的，而我极力推荐他一定要买市中心的房子，可以选择户型小的，够住即可，但周边学校、医院、商场、银行等配套设施完善。最终他按照自己的想法，在郊区新开发的小区买了一套理想的大房子。但是问题接踵而来，第一个要面临的问题就是孩子上学，虽然每天他自己开车接送，但是路程 1 个多小时，加在一起他的孩子要比别人少休息4个小时。有一天他妻子食物中毒，拨打120后，因为路程较远，到了市区医院时已经吐到脱水。现在，他深深地知道配置顶级资源的房子，为什么那么贵了，因为他买的不只是房子还有资源，以及使用这些资源的时间。资源就那么多，越接近资源的人，就越容易拥有这些资源，一次，一天，可能不觉得什么，如果是十年，二十年，这个差距就巨大无比。

　　排除其他个别因素，我们每个人的寿命大概都是70—80岁，那么占据更多资源的人，如何让自己活得更好，活得更久？那就是让人生尽量拥有更多更好的经历和体验，减少糟糕体验的时间。几个月可能看不出效果，几年下来，你会发现时间商给你的方法简直就是职场晋升的捷径。就像我们开篇所说的，如果不懂得时间价值，就会把职场当成错误的战场。追求金钱、权力、名誉，最终都不会让我们获得真正的快乐，而浮华的表面终将随着生命的终止烟消云散。唯有我们真切地抓住了生活过程的体验感，幸福感、满足感才会随着我们的"软生命"一起留存。

放小艇理论

在职场的大海中组建自己的"船队",主动出击,
激发潜能。

很多人都把职场比作大海,每个人都是大海中的小船。职场风云莫测,能不能乘风破浪,还要看自己的小船够不够"硬"。所以,很多人会选择较大的港湾栖息自己的小船,也就是选择比较大的具有知名度的平台,让自己这艘小船行驶得更加平稳顺畅。可是,时间长了,我们又会发现,借以栖身的港湾对自己这艘小船的顺畅行驶并未起到太大的作用,更多的是靠我们自己这艘小船在马力十足地推动,于是很多人在职场上会有一种"亏"了的感觉。

什么是"亏",说白了,付出和回报不成正比。我为公司付出那么多,却没有得到该有的回报?这是很多员工在职场上工作一段时间后都会发出的疑问。这个问题的答案,其实并不

在于公司和平台应该给我们怎么样的回报，而在于，你自己想从公司和平台得到什么！很多公司都提倡员工以公司为家，以平台为家，可是把公司当成家，却没有得到同家人一样的回报，不平衡就出现了。这是因为大家的期待值本身不在同一个水平线上。不管在多大的平台工作，都需要清晰地认识到，只要不是平台创始人，这个平台跟我们并没有真正的关系，平台不属于你，你也不属于平台，你只是和这个平台在一定时间内有了一段缘分而已。天下没有不散的筵席，不管身处什么样的平台和港湾，其实都是你的一段经历，你的一个加油站。真正让自己强大，不是要强大一只小船，而是要让自己拥有一个船队，拥有无数的小艇。

没有一个平台是我们终身依靠的金饭碗，即便是美国总统，也仅仅是在任时风光无限，卸任时归于平淡，比如奥巴马，在任时入住白宫是一国之首，可是在他任期满了之后，他也只是和普通的退休老人一样，需要退出舞台，退出白宫，做回奥巴马。因为，美国并不是美国总统的，美国总统也不等于奥巴马。但是，奥巴马又和普通的退休老人不同，因为他有过一段特殊的经历，并把他的经历写成了书，可以用经历四处演讲。在任时，提到美国总统，就会想到奥巴马，两者息息相关，卸任时他以前美国总统的荣耀会丰富他的余生。这就是我接下来要说的，典型的小艇理论。

如果你把平台当成自己的，平台越发展你的内心落差就会越大，因为你并不是平台的真正所有者，所以才会不停地追究，如何解决付出与回报的平衡问题。因为你一开始就找错了回报，回报并不是你从公司和平台得到了什么拿到了什么，而是你自己在这个平台期间得到了哪些与自己真实相关的内容。从时间商的角度来看，我们付出的每一分钟时间，都希望产生最大的收益，这个收益绝对不仅仅是钱能满足的，只有我们在平台收获尽可能多的能延长软生命的经验和体验，才符合时间商的规律。

在平台中，不光要收获工资，还要尽量收获跟自己有关的东西。在这个平台，怎么做，才能获得最大化的收益。因此，我们要做的就是在平台中尽量收获自我的成长，尽可能多接触不同的内容。如果平台是一艘航母，我们每个人都是航母上的一员，没有人是这艘航母的真正拥有者，但是每个人都可以有很多属于自己的小艇，跟随这艘航母一起前行，随着航母的壮大，每一艘小艇的光环也会加大，同样，如果小艇都强大了，航母的力量也就更加强大了。这就是我们和平台应该共同成长的良性状态。

面对领导交代的工作任务，你的态度通常会是什么？是敷衍了事，得过且过，还是不遗余力地，甚至超额完成任务？从时间三利主义来说，你必须在单位时间内，多做能够"同时增加社会、平台和个人利益的事情"，才能增加你的生命总值。此时，很可能要动用你的剩余价值去付出，而平台是不会给你的剩余价值回报的。

面对平台不会给你回报的额外劳动，你会去付出吗？如果你拥有了放小艇理论，你就一定会做，而且是开开心心地做。因为你知道，这是稳赚不赔的事情，是百利而无一害的长线投资。

以我为《国色天香》这首歌作词为例，当时，电视台要制作《国色天香》这档戏曲栏目的主题曲，如果请知名作词人来作词，费用可能需要 10 万元。这档节目是我一手策划的，就像母亲了解孩子的需求一样，我最了解这档节目需要什么样的主题曲，再加上，我本身也具备作词的能力，那为什么我不自己试试呢？

这是双赢的。平台省下了 10 万元的开支，作品的质量也符合平台的要求，而我通过这首传唱全国的作品，增加了生命总值，延长了软生命。

具备放小艇思维后，平台要求我们付出一分，哪怕付出八分九分，我们都会感觉舒服。虽然没有多余的金钱收入，但我们知道这一切都是在提升自己的生命总值，是在延长软生命。

试想一下，当所有同事都只付出五分的时候，而你付出了十分，平台会不会看到？肯定会。当然，前提是你完成的必须是平台需要的价值。假设平台需要 A，但你却做了背道而驰的 B，这样是不行的。

你有支撑点，拿出自己剩余的价值，制作出平台认可的小艇，虽然没有任何人看到，但你会担心有一天失去工作吗？肯定不会。自身实力够强，而且还这么愿意付出，你就是在创造一个非常好的良性循环。对平台来说，你就是千里马，而平台愿意永远做你的伯乐。

我们在职场当中，很少有人主动去放小艇。因为人们都太计较利益得失了，太计较自己的剩余价值能不能立即变现。而现在，明白了真正的利益在哪里，明白了生命价值的衡量在哪里，你做了，就领先了，就是赢家。

放小艇，不是让我们在工作中假公济私，将利益转化到自己身上，这样做非常不合算，做坏事用时间商核算成本太高了。放小艇，是让我们永远保持居安思危的神经线，激发自己的潜能，很多时候我们自己都不知道自己有多大的力量。

之所以把这个理论称为"小艇"，并不是让我们为自己树立一座座大山，所有的成功都需要日积月累的经验和恰好的机遇。所以，放小艇的核心是让我们在日常的任何一个工作中，都需要加入一点主动出击，主动去"放"的态度。如果公司有年会，不要只做一个参与者，不妨去尝试做一个主持人，看似主持人并不会有额外的"工资"，但是也许它会激发你自己都不知道的潜能，而这艘小艇，很有可能有一天就成了你的新方向；如果公司组织旅游，不妨主动去做一个导游，看似你要比其他的人玩得更辛苦，但是它能让你了解更多的历史人文，也能激发你对自己更多的了解；哪怕只是被派出去送一份文件，也要利用这样的机会，去熟悉路况，去认识每一个接触到的人，一次简单的送文件，可能开启你的社交潜能……

相对于在自己的平台不断放出小艇，挖掘新的动能和潜力，平台能给予我们的公平回报，甚至还包括个人品牌的打造。

如果把每一份工作，都当成个人品牌打造的过程，而不是过多地看重眼前利益的时候，就会发现时间如此珍贵，现在所做的每一个决定，都可能会对余生产生影响。时间商的核心，就是帮我们去计算时间的投入产出。从这个角度看，就很好理解为什么要在平台上不停地放小艇。以 8 小时工作时间为例，如果我们的工作只是按部就班，那么就等于只走了一条直线，但是如果不停地放出小艇，不管小艇的航线走出多远，都是在我们原本单一的直线上多出了分叉。当自己离开了平台，重新选择的时候，就拥有了一条除主要竞争力以外的多条附加航线帮我们赋能，或者说曾经放出去的那些小艇，已经拥有了可以帮我们抵达下一个港湾的多条航线。

去平台化

每天的8小时做两件事，平台成长＋自我品牌
打造。

很多第一次和我接触的朋友都很难一下子搞明白我到底是做什么的。因为，我不会像大多数人一样介绍自己，递上名片说出自己的公司和名头，相比于这些我更看中个人形象和品牌。时间商告诉我，花同样的时间打造品牌化的自己，远比依靠平台更有价值。以我自己来说，无论做什么，在哪个平台，打造的都是我自己的品牌，大家会因为我，而认识我的平台，信任我的平台，而不是因为我的平台而认识我。这样我才会拥有绝对的发展自由，个人发展不会受到平台的牵制。这就是我要说的去平台化。

"去平台化"，这是从工作第一天开始，我们就需要具备的意识状态。当你拥有"去平台化"思维时，不论你眼下的工作

境遇如何，你都能对自己有一份较为清醒的认知和判断。

"平台化"对个人从事的工作会产生非常大的影响——我们选择一份工作时，很容易将自己的能力与公司的实力等同。

比如，有能力的职场人士小A，待在发展有限的小平台产生了自卑的想法，认为自己只能做到这样；靠关系进入某百强发展平台的小B，认为自己的个人实力就是非常厉害。如果小A被这样的"平台化"思维限制，他就很难跳出困局，最终很可能让自己的才华慢慢地枯萎。如果小B被这样的"平台化"思维限制，他就无法面对没有了靠山之后，自己的生活会出现怎样的落差。因此，"去平台化"是一种随时随地对我们自身价值进行X光扫描的思维方式。它的目的是，让我们对自己的能力进行价值核算，分清自己的价值和平台价值。

如何核算呢？很简单，假设有一天，你不得不离开这个平台，那你独自具备的能力有哪些？比如，最容易被"平台化"的是C值（影响力值）。在工作中，我们所具备的C值是平台赋予的，待在平台就享有这份影响力，离开平台就失去这份光环。人们常常误以为自己能做很多C值高的事，但一旦离开平台，资源为零，就不能再去做过去那些生命价值高的事情了。这时，我们就需要判断，自身具备的影响力值，在离开平台后还剩下多少？知道自己的价值后，就需要集中精力去做个人价值提升，时刻提醒自己，不要把某某上市公司总裁、某某总监等职位，等同于自己的C值。这些"名义上"的东西，都是充满变动性的，唯有实力真实伴随我们一生。

例如，我所在的平台要做一档节目。假设平台的受众人群是1亿观众，平台的C值是直接影响1亿人。这是不是也是我的个人C值呢？不是。C值不是平台影响多少人，我就影响多少人，而是我在其中的重要性和含金量，这就具体要看我在这档节目中所从事的工作内容。如果我只是打酱油的，负责跑腿，工作内容是可以换成其他人来上阵，那么，有我没我，对平台没差别。

如果这档节目是我一手策划的，赞助也是我拉回来的，大多数的嘉宾资源都是我找的，那么，这档节目有我没我，差别就很大了。这时候，我就知道我的C值在这档节目中是高的，即使离开了这家平台，这档节目依然是我可以拿出来展示的成绩，而不会被人说成"厚着脸皮往自己脸上贴金"。那些分不清个人价值和平台价值的行为，往往都是在"贴金"。久而久之，就会盲目自大，自毁前程。

当你拥有"去平台化"思维，随时随地检视自己的工作状态，就会非常专注地将时间放在提升自我价值上，而不是尔虞我诈的纷争中。同时，不论眼下境遇高低，你都能保持从容心态，不跟任何人比较，也不盲目地把自己和平台的实力进行捆绑，它就像一个"盾牌"一样，使你始终保持清醒，稳扎稳打地向前进，不会被突如其来的晋升或是撤职影响自己对自己的清晰判断。

可以说，"去平台化"思维是整个职场生涯中的"安全防护网"，是守护你能够达成理想的重要安防措施。它的目的是让我们始终将"提升个人价值"放在首位。

当你的价值提升了，你能够给平台创造的价值也会更多；同样的，当平台看到你不断提升，不断创造价值，自然而然会将更多的资源倾向于你，创造更大的双赢。这样，你的职场生涯就会慢慢步入良性循环，而且是不骄不躁，不卑不亢的良性循环。

巴菲特曾说过：只有在潮水退去时，你才会知道谁一直在裸泳。我们身边可能都遇到过几个这样的人，常常洋洋自得，觉得自己有足够的本事呼风唤雨，其实都是因为所在的平台而狐假虎威，因为终日活在平台的光环之下，往往会不自觉地生出一种优越感来，把平台的资源视作自身的一部分。反而逐渐放松对自己的要求，变得不思进取，一旦平台发生变动，往往会对他们造成致命性的冲击。所以，平台对我们的成长非常重要，如果我们在平台上的时间既能兼顾平台又能打造自己的品牌，等于我们用同样的时间做了两件事情，其中有一件还会持续产生复利的，那就发挥了时间的高效能，符合时间商的智慧。

如果用时间商思维来考虑，我们就会明白，在每一个工作的平台上，要获得的最大价值绝对不是眼前的金钱职位、福利待遇，而是时间的复利价值。如果把每天的 8 小时做两件事，平台成长＋自我品牌打造，那么我们的时间就等于翻了一倍，终有一天，这些成长和潜力打造会为我们带来复利。因此，只有忽略掉自己所在的平台，去打造过硬的自己，才不会仅仅用时间的量累计出更多量变，而是要用时间来打造完美的质变。

平台和我们自己，就像妈妈和孩子一样，既血脉相连，又各自独立，我们的成长一定会以关爱妈妈为前提，而妈妈的成长也有赖于每个孩子发展得更好，如果你和平台之间还没有找到这样一种互相促进发展的关系，说明你之前的时间可能也都浪费在了不值得的平台上了。我们在拥有平台的时候，能够居安思危，锐意进取，与平台的成长一起成长，只有极力摆脱对平台的依附心理，尽早让自己拥有独当一面的能力，你才能更有底气地面对未来一切不确定的变化，把人生的主动权牢牢地掌控在自己手中。只有拥有了选择的权利才会拥有人生的自由和幸福，获得自由和幸福的人生，才是真正值得我们花时间投资的事情。

打破时间的小孔理论

找到自己对时间舒适度的时间表，在最恰当的
时候去做最恰当的事。

工作中，我们面对的最大敌人是什么？不是老板的压力，不是同事的"碾压"，不是客户的刁难，而是我们自己的——拖延症。如果有一种方法能让我们的工作效率提高，让我们不自觉地沉浸在工作中，享受工作的乐趣，我想之前提到的三座大山都不会压垮你。

几乎所有关于时间管理、工作方法的书都在一遍一遍地强调，提高时间的效率创造更大的价值，才是获得工作提升的最大法宝，而我们对此也深信不疑。但问题是，我们越想提高工作的效率，越想提高时间利用率，就会发现越难做得到，最终一次次被贴上拖延症的标签，工作效率也就很难得到提高。

这就像墨菲定律一样，越担心越出错，为什么呢？我把这种

情况归结为小孔理论。什么是小孔理论，就是我们在做任何事情的时候，只有一个出发点，就像小朋友小时候矫正视力，医生会给他带上小孔眼镜，这样，小朋友就只能通过小孔去看世界，久而久之就会改善视力。小孔理论也是同理，工作时，我们只关注工作本身——做！但是工作以内的事情，都被小孔自动屏蔽了——做什么，怎么做，为了提高效率似乎都不在我们的考虑范围内。对待时间也是一样的，单位时间内，我们希望提高工作效率，只从小孔中提出一种要求——效率，快速地完成，但是快速不等于高效，因为在时间中还有一个提高效率的最重要因素，就是舒适度。

通俗地说，舒适度就是指人们对客观环境从生理到心理方面所感受到的满意程度而进行的综合评价。时间的舒适度，就是在单位时间内你的身心舒适感。在面朝大海的咖啡馆里发呆一个小时，即便什么都没做，但是身心放松，这一个小时我们的舒适度是高的。相反，如果坐公交车时，老板要求我们在一个小时内完成文案修改，即便勉强完成工作，满足了效率，舒适度却是低的。

以下场景你可能经历过：

场景一：我们想利用上午的时间完成一个策划案，虽然一直在工作，其实只写了100个字。面对电脑，大脑一片空白，没有任何思路。

场景二：星期一的早上，你思绪飞扬，老板组织会议，你一句都没听进去，偏偏轮到你发言，迫不及待把自己的创意都说了一遍，结果文不对题，惨遭批评。

场景三：深夜和小伙伴酒醉正嗨，突然，老板来电，让赶一份企划书，说明天一早见重要客户用，于是你带着醉意回家赶工，在清晨终于赶制完成，结果自己昏睡在讲标的路上。

场景四：在公交车上，搜索目的地大约 50 分钟后抵达，拿出笔记本以膝盖当桌子，奋力工作，突然一个急刹车，人和电脑一起飞出去，前功尽弃……

以上场景，不是我凭空想象的，是针对身边工作中的朋友们做的一个基础调查，大家提出来具有普遍共性的问题。相信当我把这几个场景说出来的时候，会很有画面感，你甚至会对号入座。以上四个场景或者类似的场景，我统一把它们称为"时间的舒适度不对"。按照时间商的理论，我们应该在每一个当下去做最有价值的事，而在工作中很多时候，事与愿违，偏偏时间不对，就像我们参加赛跑比赛，选错了前进的方向，跑得越快，反而离终点会越远。所以要真正提高工作效率，首先要找到自己对时间舒适度的时间表，也就是针对我们的生理反应，在最恰当的时候去做最恰当的事。

一、时间商的黄金时刻表

在时间价值中，B 值是一个权重值，即使每个人对自己权重值考量不同，但一定会倾向于自己最舒适最喜欢的内容。不管大家的喜好怎样，根据大脑的活跃程度，一天中有些关键时刻是和我们的时间权重契合的，如果抓住这些时间，同样的事情，会提高我们的舒适度，也就相应提高了时间价值。例如，一天中的黄金时刻，可能是早上，那么就在这一刻，做最舒服的事情。也就是说，环境好时，尽快把需要思考的都思考完，要想得特别快、想得清晰；环境一般时，做执行类的工作。寸金寸光阴，时间就跟黄金一样宝贵，也跟黄金一样，因为有精确的成分比例，才格外珍贵。

那么，一天中，都有哪些时间可以高效利用呢？

1. 最好的早晨

每天早晨 6 点到 7 点，大脑在漫长的夜晚休息调整后，会有助于专注力的复原，这个时候将一天中重要的信息分类储存，既可以消除工作的负面情绪，又能提高效率。比如策划方案、学习外语、编辑难度高的文件、从事理论性强的工作等。所以，利用好它，工作效率、学习效率将会大幅度提高，时间价值也将得到提高。

2. 上班后最初的 30 分钟

根据一项调查显示，中国目前是全世界罕见的工作任务完成速度快，完成率高的国家。

中国人工作高效原因之一，受惠于公司要求的上班时间8：00—8：30。这个时段正处于大脑黄金时间，人的精力充沛，工作效率自然会高于其他时段。而这个时间欧美国家的人们多数还在起床和接着睡的纠结中挣扎，错过了大脑的黄金波段。这 30 分钟的工作状态是颓废的还是充满激情、斗志昂扬的，会极大地影响一天的工作效率，从而也就影响了一天的时间价值高低。

3. 午餐时间满血重启

一天当中的午休时间不仅有利于身心放松，也有利于专注力的恢复。经过一上午的高强度工作，到了中午人的专注力已经下降了40%—50%，但如果把午休时间利用好，下午就完全可以将专注力恢复到90%左右。

不管多忙，都要走出办公室吃个午饭，不然经过一上午的工作，身心细胞的记忆已经停留在了工作状态上，如果放弃外出午餐，就失去了休息调整的机会；相反，如果选择外出散步15分钟，接着细嚼慢咽吃健康的食物作为午餐，比如，鸡蛋、香蕉和肉类等，经过充分的放松和调整就可以激发体内的血清素，血清素能让我们"治愈心灵""放松心情""回归平常心"，如果没有足够的血清素分泌人就会焦躁不安，容易发怒，做什么事情都提不起兴致，这种情况下，即便A值C值都很高的事情，也会因为B值拉低整体的时间价值。

4. 下班前最后冲刺

下午2:00—4:00的这个时段是一天中最疲惫的时间段。为了提高时间价值，这部分时间，可以考虑用在路上，或者会客，打破疲惫，让人动起来又不需要大脑运转太快的工作。但是4：00以后，心中又会涌起一股紧迫感："快要下班了，要抓紧完成工作。"在紧迫感的作用下，人们的注意力高度集中起来，所以工作效率就会又有所提高，也是工作时间内最后一个黄金时刻，可以用来让大脑转起来，回顾一下这一天的工作，构思一下明天将要做的工作。

5. 睡前15分钟

睡前15分钟的记忆是一天中最牢固的记忆。我通常会在这个时候，启动体内的扫描仪，扫描一下明天即将进行的事情，将其进行一个二次重组和排序，可以让时间价值提高10%左右。

二、时间商高效工作法

1. 偶像白描法

时间的舒适度让人陷入的工作效率陷阱是：我们都想做有糖吃的乖宝宝。当接到一项工作任务时，普遍的第一反应是以最快的时间来完成，但是怎么完成？为什么完成？怎样完成才是最好的方法？要想解决这类问题，教给大家一个偶像白描法。

工作之余，每个职场中的人或多或少都会读一些名人传记、经济管理类的书，对于一些成功人士、行业精英的成功经验也都会有了解，至少会认识几个我们身边的成功人士，他们当中，那些和我们经历相似、思维相近的人，总会和我们产生共振，进而想要了解更多，或封他们为自己的"偶像"。他们的经验也可以成为我们的经验，当我这样说，很多人第一反应是他们离我们太远了吧。如果不是为了拉近距离，为什么要读他们的经历，耗费我们的生命值呢？所以，拿破仑早就说过不想当将军的士兵不是好士兵。如果你想成为李嘉诚、马化腾或者是你的上司、你的老板，那么，当接到一个工作时不要为了抢时效而马上行动，先用一点时间，思考一下，下达这个工作指令的人是谁？他要达到的真实目的是什么？为了达到这个目的，有多少种做法？不要再用自己的惯性思维去做决定，因为正是你的惯性思维消耗了你前进的能量，想一下，你的"偶像"，如果是他遇到了这样的问题，会怎么做？然后尽量去模仿并尝试着用他的方式去处理问题。

2. 好友咨询法

在分析时间银行的时候，我就讲到过，交朋友，交好朋友，好好交朋友，是一件性价比极高的事情。一方面，我们等于把自己的时间储存在朋友身上，当有需要的时候，可以集中收取；另一方面，真朋友就像另一个，我们的时间在他们身上得到了倍增，无论哪一种，都是一种划算的时间投资。什么时候从朋友身上支取存入的时间呢？当在工作上遇到困惑或者停滞不前的时候，我们就可以打开时间银行，支取一点时间，花一点时间把事情做一个简单陈述，分别发送给你的三五个信得过的好友，他们一定会从不同的角度负责任地给你专业的建议。如果你的投资够有"眼光"，你的好友中恰好有相关的专家，那么你获得的建议就会相当有价值。这些建议比你蹲在图书馆一天去搜索相关案例，或者在电脑前翻阅搜索引擎找到的更加具有参考性。

3. 蒙太奇止损法

工作中难免遇到沟通不顺畅的时候，其实想要说明的内容没有问题，但是情绪出现波动，就像和对方吵起来一样，此时大脑接收到的情绪信号，会将原本的情绪更加激化。

沟通的本质是为了解决问题，而不是制造新的问题，提高沟通的时间价值，尤其要避开负能量沟通。双方在谈话过程中进行场景代入时很容易发生负能量沟通，浪费了沟通的时间，没有达到沟通的效果。

归纳起来，负能量的沟通有几个雷区，第一，就是放狠话，当沟通的内容达不到效果时，往往会放狠话比如"这工作我不干了！"第二，翻旧账，把自己过往受到的各种不公平待遇、不愉快的工作经历全部像祥林嫂一样诉说一遍。第三，愤然离去，因为沟通有障碍，索性不再沟通，让问题悬在空中。这些都不是沟通应该存在的场景。所以，当你在沟通的时候，意识到自己跑到别的场景时，就已经进入到蒙太奇状态。

如何避免这种低质量的沟通呢？首先需要清晰地认识到负能量沟通会损耗生命，当然也有解决办法，推荐给大家蒙太奇止损法。

蒙太奇是电影艺术家按事先构想的一定顺序，把许多镜头连接起来，使这些画面通过顺序本身而产生某种预期的效果。当我们在沟通过程中出现情景代入时，要将自己变成电影导演，在跑偏到别的场景时，立即喊"卡"，马上回归到事情本身。

在工作中，最常经历的重要沟通场景是上下级之间沟通，商务谈判，产品推销……每个人都有自己独立的情感思维想象，面对沟通的时候，不能保证每个人的场景都会是同频带入。所以，当出现令双方不愉快的场景代入时，要迅速地让这些场景"蒙太奇"。意识到自己在沟通过程中，进入到沟通本身以外的任何场景时，要及时对自己喊"卡"，让自己从可能产生不愉快的场景中闪回，把负能量赶跑。

为了防止负能量沟通，要时刻提醒自己产生负能量的后果。不仅不能解决问题，还会浪费沟通的时间，问题没有解决，还会产生二次沟通，需要投入的时间就更多了。同时，因为不愉快的产生，除了沟通本身浪费掉的时间，还要解决负面情绪产生的后果。我们的时间非常珍贵，每一分钟都与生命相关，这些负面能量，既不是生命的闪光点，也不是生命中的记忆点，根本无法成为我们生命中的时间碎片，把一件简单的事情如此复杂化，实在是得不偿失。明白了这个后果，掌握了止损的方案，就要用这个方法不断锻炼自己。一旦进入到负能量沟通，你要意识到自己的时间会被自己和对方丢失，及时为生命止损。这种思维是可以通过训练形成条件反射。

4. 二手烟止损法

二手烟止损法也是生活中常见的保卫时间减少负面情绪的方法。我们经常会遇到时间观念淡薄的人，与他们进行交谈时，可能几分钟就能讲清楚的事情，对方会喋喋不休地说上一堆无关紧要的话。遇到这种情况，最好的方法就是用"二手烟止损法"。我们可以把对方想象成正在吸烟的人，你在旁边就相当于吸二手烟。吸二手烟对健康的影响是可以拿生命计算的，世界卫生组织做过统计，它不仅可使人致残，还导致全球每年 60 万人过早死亡，造成巨大经济损失。所以当别人在说无关紧要的话时，你就要及时停止无效的对话，把对方带回到主题，或者终止对话。国外研究证实一根烟可以让抽烟者减少寿命 5 分钟，你听到的"废话"一样也在"谋杀"你的生命。

5. 打破小孔法

小孔理论，就好像是透过小孔看世界，视野被禁锢了。很多时候，我们面对工作，就像透过小孔看世界，只看到了眼前的事物。要提高工作效率，就要把视线放大放远，而不是只盯着眼前要完成的事情，尽量多做一些事情，时间利用率就会更高，不同的时间不停地收获结果，会让我们在忙碌中更加有动力。

人类寿命即便随着科技发展可以跨步提高，但终究是有一个定量的，那么时间总量一定的情况下，是做一件事情收益更大，还是同时做多件事情使"软生命"增加呢？天使投资人给我们做了最好的示范。其实对于天使投资人来说，他们未必不知道一些项目成功的概率会很小，但是对于他们来说，钱不是第一位的，时间才是最重要的。他们不能浪费过多的时间去做详细考察和评估，那样反而会错失很多商机，但是如果他们在考察时间和投资之间找到一个恰好的平衡点，那么同一时间做十笔投资，和用十倍的时间做一笔投资，哪一种成功率会更高？其实我们每个人都可以有很多想法，但是因为我们不敢突破自己和传统，习惯了中规中矩，都希望有始有终地完成一件事情，再去做另一件事情，那么我们的时间效率自然会大打折扣。

小孔，让我们的视线只停留在目光所及的很小部分，因为狭小，所以我们总会把眼前的舒适当成永久的舒适。而时间商带给我们的是一个可以延伸的无限可能，这个长度不是用钟表甚至生命能丈量的，因为，在时间商面前，越贪图眼前的舒适度，就越会永远地失去"舒适度"。打破小孔理论，其实就是要打破眼前的"舒适度"，只有打破眼前的舒适度，才能更好地、真正地提高时间的效率，发挥时间商的效率。

多维竞争力增加单位时间价值

越打破边界，做事情的力量就越大。

　　画家、雕塑家、建筑学家、工程师、数学家、解剖学家、音乐家、发明家，达·芬奇在众多领域都有着惊人的天赋，他也因此成为古今中外人们最为耳熟能详的人物之一。他有着惊人的美学头脑和非凡的直觉，为他精彩绝伦的创作提供了不竭的灵感。

　　最让人震惊的是，从他的传世手稿中人们了解到，他曾经尝试建造飞机、绘制汽车连续自动变速箱草图，及众多军事机械设计：坦克、潜水艇、机关枪、军用降落伞……他在牛顿出生200年前就写下了"每个作用力都有一个方向相反、大小相等的反作用力"。此外，他早在哥白尼日心说之前就对传统的"地球中心说"持否定的观点。

　　达·芬奇就是一位跨界天才，他能够跨界，正是组合了多维的能力，这些能力从不同的维度又相辅相成，让他的竞争力无人能及。正所谓开挂的人生背后，都是不断升级进取的努力，这就是多维竞争力。

当早期的极客们痴迷于各种技术参数时，乔布斯觉得电脑不能只靠技术取胜，于是他给个人电脑加上了另外一个维度——艺术设计。最后乔布斯的苹果成功了。

当一个人的核心竞争力孤立无援，它便无法发挥出惊人作用。只有用第二竞争力、第三竞争力来辅佐核心竞争力，核心竞争力才能真正展现出优势。因此，多维竞争力才是真正决定你能走多远的核心能力。

试想，单个维度上，大家比的是长度；两个维度上，大家比的是宽度，也就是面积；三个维度上，比的是高度，也就是体积。那么，在一个维度上，最多100分；两个维度上，哪怕各自只有50分，面积已经是2500了；若是三个维度各自都是50分，那是多少？125000！当然，这些数字只是"意象"，并不一定能代表事实，但足够说明事实了。

达·芬奇、乔布斯，即使他们不发展其他的竞争优势，也足以在行业内成为翘楚。那么，当我们在一个行业的先天核心竞争力只有50%，该怎么办呢？通过边际效用可以明确地知道，如果用同样的时间去提高这个版块所能得到的效用，会远远低于重新发展一个或多个版块，多维度作战。这就是时间商给我们的正确选择，时刻给自己的时间算一笔账，同样的投入怎样才能产出最高的效用。

那么应该怎样去提高自己的多维竞争力呢？

一、跨界

跨界，是这几年非常流行的词。所有的跨界者都会不由自主地深谙此中道理：每次跨界都是给自己拓展一个新的维度。一旦跨界成功，实力或者竞争力的提升只能是"几何级别"的，绝对不可能仅仅是"每天进步一点点"那么简单。所以有跨界的机会绝对要一把抓住，不能让它错过！

例如，向一个完全陌生的人介绍自己，我可能会有几个不同的选择来说，管理学博士、企业 CEO、无边界艺术者、网球教练、帆船爱好者、无国界公益人、大英博物馆业余讲解员、大学硕士生导师、特别的"斜杠青年"……每一个领域，可能都有很多 90 分以上的高手，在这一项远超你，可我并不觉得自己的竞争力小于他们，因为即便我在所列举的领域内，每项得分只有 20 分，那么我的竞争力也会超过 90 分，因为这是一个一专多能的复合型人才受欢迎的年代。这种跨界带来的多维竞争力，不但让我充满了能量，更让我的人生充满了乐趣和价值，我的时间附加值自然也要大于单一维度的高手们。

查理·芒格是巴菲特的黄金搭档，有"幕后智囊"和"最后的秘密武器"之称，而他一直推崇的跨学科攻击，其实就是使用多维能力来解决问题的办法。而现在流行的跨界，也正是需要多种不同能力的组合。而很多新兴的企业颠覆传统企业，很多也是发展了一个新的维度，产生了面积和体积，躲避了传统企业单纯比长度的优势能力。作为一个追求成长的人，应该在发展自己优势能力的同时，去扩展多个其他辅助能力，在解决问题的时候才会产生奇特的跨学科效应。

二、无边界

跨界和无边界异曲同工。成功的人之所以越来越成功，因为他们敢于去挑战，去尝试和体验。他们从不为自己设定边界。明确自己要的是什么，只要能够达到这个目标的所有事情，都是值得我们去尝试的。

我的第一份职业是在电视台。经过数年的努力奋斗，我成为该卫视的副台长。那么，我是不是就要守在这个外人羡慕的舒适区终生做一个电视人呢？当然不是，我从来没有为自己的人生设定过边界。于是离开电视台后我的履历很快被写满了。每当我多加一个身份的时候，大家都会好奇地问我怎么做到的，其实每次的答案都是一样的，我并不是非要做什么，只是从不排斥去做什么。

做很多事情都是越打破边界，力量越大。以公益为例，我一直希望能够开心、快乐、有趣地把公益的小红旗插遍全世界。在我看来，公益不一定是惊天举动，不一定是加入组织，不一定为某个定向地区，随时随地，任何形式都可以是公益。如，在非洲带 17 个艾滋病孤儿去坦桑尼亚最高档的五星级酒店踢一次足球，对他们来说就是生命中一份难得的体验和乐趣，这是公益；陪伴脑瘫儿童一起过节吃饺子感受爱与温暖是公益；去偏远山区教孩子们英语口语也是公益；在巴西亚马逊地区的小学设置中国人第一个奖学金也是公益……我一直觉得，捐赠并非公益的唯一形式，以一己之力，做有益于社会，有助于他人的事情，并能影响身边人一起践行的小公益、微公益其实就是大公益。不同维度的公益像多维竞争力一样，可以让爱的力量不断叠加。

可以说有了无边界思维，时间商就会如虎添翼。

三、大木桶理论

我们都听说过木桶理论，一个人的能力不取决于他的优势，而在于那块短板，因为短板决定了木桶的蓄水量。那么如果木桶已经不是原来的那个木桶了呢？我们没有办法让一个木桶的所有板子都变长从而装入更多的水，是否可以去多找点板来拼个更大的桶？就算某些板子比较短，但是个头大，最后变成一个大盆子，装水的能力也不比桶差。

在时间一定的前提下，保证我们在一个维度上有突出的能力。如果花费同样的时间努力提高这个能力，但得到的结果远远不如我们用同样的精力去发展多个其他技能最终产生的竞争力大。就好像是你赚钱的时候"生活必需开支就是你的成本，你赚到的钱不超过这个数值，你赚钱的技能实际上就是负分"。当然，处处平庸肯定是不行的，不求处处突出，但起码要在一个甚至多个维度上处于一个相当优异的位置，这样多维度的意义就开始呈几何级增长。

如果说，时间是一条流动的直线，那么时间商就是在教我们用多维竞争力将线变成面再变成立方体。在时间长度不变的情况下，原本的直线变成了高度和宽度可以无限延伸的立方体，那么时间价值裂变出来的能量将是不可估量的。我们无法与时间的长度作对，却可以选择宽度和高度，这就是时间商给我们的智慧，也是时间商给我们的生命馈赠。

时间商的三重工作效率

时间本不能管理，能够管理的只有你自己。

提到时间，人们总是不可避免地要谈到效率，好像时间的存在要么是用来"浪费"，要么是用来提高效率。从某种意义上讲时间商的确是为了提高效率，只不过这个效率和一般意义上的效率不同，并不是单纯地指单位时间内完成的工作量，还有三层引申意义。

第一层效率：效能

完成一项工作所用的时间。A 和 B 做同一件工作，A 半小时完成，B 一小时完成，但是谁的工作效率高呢？时间并不是衡量工作效率的唯一标准，我们还要看他们完成工作的质量，A 半小时完成了工作，但是工作内容大部分是不能进一步落实的，并且和隔壁公司做的一样，只不过是把工作名称换成自己公司的，完全没有创造性的工作，后续还需继续完善。B虽然用一个小时才完成工作，但是所有工作都精心计划过，具有创意性，可以直接进入下一个工作流程。没有质量的效率，不是完整的效率。这里要和读者朋友说一下，本书没有过多地涉及时间管理效能的内容，是为了更加强调时间商的底层逻辑。有了时间商的"土"，再种各种管理方法的"花"，花会开得更鲜艳，所以更进一层的纬度是工作本身的能量值的提升。

第二层效率：生命能量值

有了时间商，站在更高纬度看每一件工作的能量值会得到不同的价值评判结果，所以工作中挑选本身能量值高的事情去做，经常会有事半功倍的效果。在工作的投入上加入所有和时间相关的成本价值计算，会对工作结果的评估有更清晰的认识。举个简单的例子：员工们打100个电话才完成的工作任务与老板自己打一个电话找一个资源就搞定相比，很多老板都会选择让员工完成，因为员工的工资已付。但是，老板们没有考虑的成本是自己布置工作、检查工作、落实工作的时间精力成本与员工的时间精力成本。每一项工作都有它的目的和意义，当我们完成一项工作的时候，对它的理解力有多少，完成这项工作创造的生命能量值就有多少。

第三层效率：完成力——影响力

一项工作，Ａ、Ｂ都是用半个小时就完成了，而且质量都一样好。可是Ａ采取的工作方法，仅仅是在规定时间内，把工作保质保量地做完了，而Ｂ不但把目前的工作保质保量做完了，还做得漂亮具有影响力，让大家的工作因为Ｂ的行为而有所改进，甚至影响了更多的人，那么这件事对于Ｂ来说就不仅仅是完成了这么简单，而是创造了影响力。

效率的这三层含义与时间商也是一一对应的，第一层效率就是时间商的Ａ值，我们能看得到的，单位时间内获得的薪水报酬；第二层效率就是时间商的Ｂ值，做一件事，我们要考虑它的最大价值，如何创造最大的价值去做事同时也要兼顾时间生命成本的投入；第三层效率就是时间商的Ｃ值，任何事情都要最大化地产生影响力，才是做好事情的最高效率标准。

一般认知中的时间不过是一条线，所以要提高的效率也仅仅是局限在线的层面，以为在单位时间内多做事情，才是更好地提高效率，但是时间商为我们很好地解决了时间立体化的问题。从时间商的角度看，效率不仅仅是完成速度，单位时间内完成事情的数量，还要包括事情完成的深度——质量和事情完成的广度——影响力，以及对于我们软生命增加带埋线的各种伏笔。

时间商所说的效率，应该如何提高呢？

制作自己的时间价目表

记得之前很多热衷减肥的美女们都会准备一个卡路里计算器，每次吃喝之前，都会拿出卡路里对照表，计算一番，严格控制自己的卡路里摄取量。回过头来看，在人的一生当中，减肥不过是微不足道的一件小事，我们却如此认真，而真正对自己生命影响巨大的时间呢？我们却忍心看它白白溜走。现在既然已经有了时间商，不妨让我们根据自己的实际情况，给自己做一张时间价目表。

首先，按时间商的算法，把每小时时间价值计算出来，比如每小时时间价值 3600 元（为了计算方便，非实际成本），那么我们可以继续细化到每一秒价值是 1 元，也就是说，每浪费一秒钟，就等于浪费了 1 元钱。冲泡咖啡需要 5 分钟，消耗 300 元，但是喝咖啡可以让我们精力充沛获得新的灵感，让我们生命价值提升 1000 元，那么喝咖啡本身可以让我们收获 700 元的生命值；给朋友打电话咨询事情，需要 10 分钟，消耗 600 元，但是朋友的建议等于我们思考半小时，给朋友打电话咨询等于我们赚了 1200 元；同样是打电话，虽然只需要 3 分钟，跟朋友约定午饭地点，消耗180元，但是，同时我们还损失了应该在这3分钟内创造的180元的价值，所以给朋友打电话约定吃饭地点这件事，我们一共损失了360元的生命值……以此类推，我们把一天当中经常做的事情所耗费的时间做一个标价。这些事情，不是说不划算我们就不做，而是我们要对比自己的时间周期表，决定放在什么时间做。比如约朋友吃饭这件事情，如果在工作时间做，就是损失360元，如果在上班的公交车上，拥挤的空间已经让人心情很烦躁了，这时候和朋友聊聊天，畅想一下中午的美食可以在精神上给我们愉悦，让我们的生命值增加2000元，我们就等于赚到了。

当有了这样一个时间价目表之后，就要考虑到如果我们不能在应该工作的8小时内尽可能地提高工作效率，并因为工作效率不高而占用时间加班的损失有多大，每当有与此刻工作无关的人或事要分散你的时间的时候，看一下自己的时间计算器，试试自己的注意力是不是马上就会回归到工作上来。

量化工作法

我们可能都会有这样的经验，去一个地方，总觉得回来的路程比去的时候近，这是因为我们去一个地方，去的时候，并不知道目的地在哪儿或者并不熟悉目的地，一直不知道还有多远，还要多久才能到达，心里总觉得时间过得很慢，而回来的时候，距离一定，在心理上就会轻松很多。同样的，我们去旅游，下山的时候虽然已经很累了，但是总觉得比上山的路程短了很多，也是因为我们已经经历过了这段路程，所以走起来更加有劲儿。这就像我们习惯吃中餐，所有的饭菜摆在桌子上，一二三开动，喜欢哪个就吃哪个，很快就吃饱了，如果我们吃正宗的法餐，从开胃菜开始到主菜，一道一道上，即便是经常吃法餐的人，也会对下一道没上的菜有些许期待，总会知道最好的还在后面，慢慢吃慢慢吃，所以很难一下子吃饱。这些都是心理暗示所造成的时间差。来回的距离是一定的，吃多少就会饱也有一个固定的程度，但如果我们心里提前有了一个量，这件事情就很容易完成，如果没有就会在原有的心理舒适度上加上一个猜测，从而让我们感觉好像更"慢"了。

所以，工作的时候，不妨先把工作做一个量化，当我们知道，完成这项工作需要多少时间，需要投入多少人力、物力、财力之后，就像我们回家一样，已经知道了目的地，走起来如同脚下生风，甚至可以更加细致地量化，在什么节点完成什么样的事，就像我们坐车回家一共有五站，每过一站我们都知道，离家更近了，时间更快了。可是如果没有这个量化的过程，我们就会做很多盲目的工作。

工作的量化可以靠经验，比如我们常年做市场开拓，知道平均要和一个新顾客见 5 次，他才会真正成为自己的客户，第一面，我们是彼此认识，互相介绍；第二面，他会对你产生兴趣，主动发问；第三面，他会对你产生信赖，主动咨询；第四面，你们的信赖持续加深，他对你的建议产生认可，进而对你的产品产生认可；到了第五次见面，他就会顺利成为你的客户。如果我们和一个新潜在客户见了第二次面，他很冷淡并没有主动跟你沟通，继续努力并勉强和他见了第三次面，情况还没有好转，这时我们就面临选择，是继续坚持还是放弃？如果我们的工作没有量化，当然可以相信即使有 1% 的希望也要做 99% 的努力。但是，经验已经帮我们的工作做了量化性的规则，此时，继续浪费时间当然不是明智的选择，不如暂时放下，开始下一项工作，这才是提高效率的明智之举。

变被动为主动

工作的意义、目的是什么？得到老板的认可获得高工资？升职加薪？体现自我价值？实现自我梦想？这些都是又不完全是，小孔理论让我们看问题的时候，往往只看到了最直接的那一层面，但是更广阔的视角却被屏蔽了。不可否认，职业的压力很大一部分并不是来自工作本身，而是来自职场人际。那些成熟的职场游侠往往懂得把情绪和工作剥离。当你接到一个任务的时候，你并不一定觉得工作本身有多让人为难，而是想要和谁来一起完成，让你为难；当你在工作中受到批评，你可能并不是觉得他说的这件事本身有问题，而是谁说的有问题，说的态度有问题……如果我们能把这些区分开，只看工作本身，相信大家都会觉得自己的工作是那么可爱。怎么扭转这种情绪呢？最简单的方法就是——变被动为主动。

如何将工作变被动为主动？首先换一个出发点。我们习惯把工作称为"事"或者"正经的事"，但是从时间商的角度来看，凡是能增加软生命，让我们的人生有意义的事都称为"事"，所以大多数人把完成 KPI，完成上级交代的任务作为目的，这就是被动地工作，而有时间商的人，会主动想怎样完成工作才能给人生带来新的体验和新的高度，怎样做事能够给别人带来温暖和爱，自然就会主动选择一些工作。当我们把工作从被动地接受，变成主动想要完成并且很好地完成的时候，当然工作的效率也会大幅度提升。这和我们生活中听到很多人抱怨无聊，工作没意思其实同理。自己处在一个被动的状态，无论接收什么样的信息都会觉得是在"被安排""被计划"，从而心里不由自主地就会产生抵触和自我防御，从而拉低进度。但是没有接收到工作指令的时候，又会觉得无所事事，产生不安全感和无聊的情绪。工作不是为了名利，而是为了积累经历延长自己的软生命。从工作中发现乐趣，主动去计划如何让自己的本职工作更加有意义。当我们接到一件工作的时候，主动去思考工作方式方法；当没有工作的时候我们思考还能做些什么，这一切都不是为了工作本身和老板，而是为了我们自己。我们主动去做一切具有积极意义的事情，又怎么会觉得生活无聊呢？

减少会议

2018 年，我受邀参加某知名晚报社组织的 60 周年庆典，受邀的 12 位意见领袖中，我是唯一一位外省嘉宾，我所做的主题演讲是无边界的人生，其实也是践行"时间商"的一个理论分支。公开演讲之后，时任该晚报社社长的李先生约我单独聊了 3 个小时的时间商，在我们会谈后的第二天他很兴奋地给我打电话，说他公布了一个新的规定，取消例会，改为午餐会议。

一个人的时间商一旦觉醒，爆发出来的能量是不可估计的，尤其是一个本身就有能量的人，但是我没想到他这么快就能挑战传统，要知道，对于一个集体来说，例会是一件传统且正常的事情，虽然未必能够真的解决什么，但是取消形式就等于挑战传统。李先生很快用他理解到的时间商给我算了一笔账。

"我们每周例会，至少 120 分钟，2 个小时，全年 50 个会，100 个小时，如果按 8 小时黄金时间价值计算，也就是这 40 个人一年下来每人将近 12 天的生命用在了会议上，如果我们平均工作30年，那就是360天的生命。而这40个人坐下来，每人说3分钟，其实对于其他人都是生命的浪费。如果取消了例会，等于每一个在我们平台上工作的人都能延长一年的寿命。"

"取消例会，工作怎么办？"我很好奇。李先生继续用他的时间商算账："我们的时间如此宝贵，每一分每一秒都要和生命挂钩，如果大家都明白这个道理，没有人会不珍惜自己的生命，所以我要求大家以最简单的语言把最重要的事情，在午餐的时候做一个交流，因为吃饭时我们总是会闲聊一下，只不过我们固定了一个闲聊的话题。同时秘书会把大家认为重要的内容整理下来以文字形式分发给大家，大家也会根据自己的需要挑那些和自己密切相关的去看，平均每人也就需要3分钟。"一个2小时的会议就这样在时间商的启发下被压缩了，但是因为时间商，大家并没有因为不能坐在一起互相倾听而降低工作质量，反而更加主动迫切地去了解和自己相关的、去做和自己相关的，尽量不浪费别人的时间。

今天再来谈如何提高工作效率，和李先生这番交谈不禁又浮出了脑海，或许在践行的过程中，靠他一个人的力量并不能和传统的制度以及每个人的习惯做斗争，但是会议就是参会人员的时间累加，如果一个会议达到的效果不能远远大于与会人员创造的生命价值的总和，那么不妨改变一下方式。

时间商改变的不仅仅是人们的认知，更是真正地把时间和自由还给人们。没有人能改变时间，但是却可以改变自己对待时间的认知态度和使用方法。没有时间商就像是时间的奴隶，听之任之看它溜走，而一旦揭开时间的秘密，就可以成为时间的主人，能规划时间的宽度和广度，选择时间的价值，从而改变生命的"长度"。

利用碎片化时间延长生命

利用碎片时间的方式，就是你将拥有的人生。

智能手机广泛应用之前，很难想象自己会成为移动的办公室，也很难把那些较短的零散的碎片时间看作真正的"时间"。只有那些至少半小时以上的时间才会被我们记在日程本上，因为小时这个单位听起来就比分钟更具有整体感。而现在，5G 已经出现，碎片时间将不可避免地成为一天中重要的组成部分。我们发现，除了被自己排在前面的大块时间外，那些碎片化的时间总和其实并不亚于大块时间。前面讲过，生命和宇宙其实都是由时间碎片组成的，时间碎片化并不可怕，可怕的是你对待碎片时间的态度。如，想提高工作能力，可运用碎片时间学习相关职业知识；想学习英语，利用手机软件和音频教材等载体，5 分钟、10 分钟等都可以用来学习，而不是非要空出 2 个小时来学习。

时间被碎片化了不等于时间的价值就被碎片了，如果与碎片时间相处好，碎片化的时间总和也很可能超过大块时间。

　　日本作家桦泽紫苑，本职工作是一位医生。他每年写3本书，每个月看10场以上的电影，还会有两次长途旅行，每个月会读20—30本书……大多数人听到他的经历的时候，都会惊讶他是怎么做到的。虽然素未谋面，但是我相信，他一定是一位时间商很高的人。在《过目不忘的读书法》中，桦泽紫苑说他读30本书完全是用碎片时间完成的，而他的碎片时间主要是通勤时间，也就是等待地铁和坐地铁的时间。由此可见，桦泽紫苑拥有超强的利用碎片时间的意识和能力。

　　碎片时间的利用也将越来越拉开人们的收入差距，有效利用碎片时间的人群，他们的人生轨迹也会大不相同，而利用碎片时间的方式中就藏着他们的人生。也就是说，不是财富决定了人们如何对待时间，而是对待时间的态度决定了人们获得财富的方式和数量。说时间可能还不会引起强烈的共鸣，其实这个时间就是我们的生命，但我们的生命有了足够的支撑点，你就会主动地想让你的每一分每一秒都成为你延长"生命"的工具，而不是浪费记忆的存储空间。

　　培根说："合理安排时间，就等于节约时间。"碎片化的时间发挥得未必是碎片化的影响力。只要把碎片化的时间都利用好了，一样可以发挥巨大的影响力 C 值。比如桦泽紫苑说，他大部分的书都是在地铁上阅读的，这些碎片化的时间，增加了他的阅读量，他阅读的文字又转化为他的人生感悟变成了书，被很多人读到。虽然不是直接的影响力，但是，这个地铁时间却间接地创造了 C 值，影响了作家本人，也连带影响了作家的读者，所以这个碎片时间蕴含的影响力 C 值一点都不小。

碎片化的时间因为有一个统一的支撑点，变成了无数碎片化的支撑点，但其实质还是一个整体的不同表现形式。所以具有时间商的人，不是随意地利用碎片化时间，看似零碎的时间，其实是有内在逻辑的。根据碎片时间的特点，来有计划地归类利用。比如，在交通工具上的时间因为车上比较颠簸环境嘈杂可以用来收听一些有声读书、有声课程；一天中会产生等待开始的时间，这些时间不适合带手机等其他产品，可以用来总结之前工作中的一些问题，做一下文案类的工作或者思考工作中未解决的问题；刷牙的时间，可以学几句英语日积月累提高外语水平……计算碎片化的时间。比如每天去工作地点需要一个小时，一周 5 个小时，一个月至少是 20 个小时。那么如果我们要通过注册会计师考试需要进行至少 100 个小时的学习，利用早晚上班路上的时间，大约 5 个月，就可以完成这个学习任务。

这是利用碎片化的时间，可是如果我们没有时间商概念的时候，不但不会重视碎片化的时间，很多时候，甚至会把我们的大块时间碎片化，随之而来的结果是，原本的时间价值也被碎片化了。碎片化的价值组合可能大于原本的时间价值，可是如果将原本的时间价值碎片化，就要考虑到碎片过程中的损耗，也就是当你的时间被碎片化之后，那么价值一定会小于原有的时间价值。

　　比如我们一直说的大块时间，就是完成一件事情所需要的时间，完成一份策划案需要 1 个小时，看完一部电影需要 2 个小时，听完一个报告需要 3 个小时……这些完整的时间才叫作大块时间，而完成一份策划案的 1 个小时过程中，我们接听电话，回复信息，喝水……导致我们需要 1.5 个小时才能完成。从数学层面看起来，做这些和写策划无关的事情也只是用了 0.5 个小时，但是就像《曹刿论战》里说得一样，一鼓作气，再而衰，三而竭，每一次分割之后，气势和价值都在递减。我们从一件事情中一进一出，都需要专注力的重复投入。那么势必还要占用更多的时间，因为被分心，做一件事的能力也会降低。即便是完整的一小时时间价值，能力也一定会有所下降。

　　时代抛弃你时，连一声再见都不会跟你说。而溜走的碎片化时间，同样也是，也不会和我们说一声再见。时间商正在拉大人与人之间的距离，当有人利用碎片化的时间获得额外延长生命的时候，我们却将自己的大块时间碎片化折损生命价值，这个差距就像小学数学的相遇问题一样，曾经我们都在一个点相遇，然后背道而驰，越走越远，哪怕此后我们都是匀速前进距离也只会越来越大。由此可见，你对待时间的态度，就是你对待生命的态度。

第六章

转化时间
时间商与财商的关系

时间财富论

要想时间、精力、体力等投入产出比合适，那就爬到半山。

人生是一个攀登的过程，我们所追求的一切都是有峰值的。虽说无限风光在险峰，但在登山的过程中你会发现，爬到顶峰与爬到半山腰的投入产出比是有差别的。追求财富的过程其实就是爬山的过程，假设我们在攀登财富的高山，爬到半山时花费的力气是 60 分，而爬到顶峰花费的力气可能就是 100 分，甚至是 200 分。同时，攀爬期间，为了减负，还有可能会舍弃很多东西，比如时间、健康、情感、尊严等等，可见爬到顶峰付出的代价是非常大的，所以有些事情并不是一味追求到达顶峰就是好的。

理清时间与财富的关系，明白我们所追求的人、事、物应当占据整个人生时间比重的多少，有利于我们做出正确的选择，并且也影响着生命的质量。

读大学时，在同学的介绍下我获得了一份兼职，很快我就将这份兼职做成了事业。大三时我建立了一个涵盖十余个国家600多个外籍人士的演艺经纪工作室，在华北地区形成了资源垄断。这份事业不仅使我获得了可观的财富，还为我找工作提供了更大的选择空间。因为，我已经赚到了一生都不用犯愁的基本生活开销，所以找工作时就可以不以收入和稳定为标准。后来，找工作时我就毅然拒绝了几份收入颇丰的工作，选择了与自己兴趣相契合、未来更能带给自己丰富人生选择的电视台的工作。在金钱的这座高山上，我就爬到了半山，顶峰的风景固然美好，但如果要爬到顶峰，付出的力量是爬到半山的数倍。

多年以后再回过头看这段经历，我把它总结成了半山理论。这也是半山理论在我人生中第一次运用。

到了电视台之后，我开始思考，普通人的一生到底有没有机会过上亿万富翁的生活？其实，普通人成为亿万富翁的概率很小，要么他是世界上最聪明的人，要么他是被幸运之神眷顾，要么他享有祖辈的巨额财富，但这些对普通人来说，都太遥远了。由此可见，成为亿万富翁难度系数非常高，那普通人能不能用很少的投入过上亿万富翁的生活呢？答案是有的。

我们假设一下富翁一天的生活。他们早上可以睡到自然醒，出门开几百万甚至几千万的豪车，坐私人飞机到世界各地度假，出席重量级的国际论坛，参加各种顶级派对，与各界名流成为朋友……我们也许买不起私人飞机，但可以买张机票来一场说走就走的旅行，也可以找一份能睡到自然醒的工作，在全世界度假，参加有意思的派对，与有趣的人结交朋友……综合考虑下，我发现做一个时尚编辑就能跟富翁的生活重叠至少70%，成为主编后，这个数值可以达到85%，不用准点打卡上下班，可以一觉睡到自然醒，能轻松地参加名流聚会，会接到世界各地好玩的邀请，每次出去做采访都能吃好喝好玩好，因为只有玩得尽兴了，才知道该如何把东西推荐给大众。此时，你与富翁的区别无非是他们坐私人飞机旅行，你乘坐的是经济舱；他们开的是法拉利、劳斯莱斯，你开的是大众、丰田。富翁的生活是要付出很大代价的，普通人难以达到他们的条件，但我们可以通过较小的投入过上跟他们一样丰富多彩的生活。

为了实现自己想要的生活，我在台里创办了时尚栏目，而不是像大多数人那样追求升职加薪，几年下来，我虽然没有升官发财，但是作为时尚主编，生活明显和绝大部分人拉开了距离。这是我第二次用半山理论做的人生选择，现在看来是非常正确的选择。半山是横向的半山，当你获得了满足正常生活所需的财富之后，你应当暂停下来，横向发展自己的人生，而不是一味向上赶路，把所有的时间都花在财富积累上，不懂得欣赏身边的美好，不知道在半山时，你的时间、体力、精力等投入产出比是合适的，可以更轻松地享受生活。

半山理论提醒我们，随时随地计算投入产出比，合理规划自己的人生。第一，时刻考虑用生命作为成本，追求哪些东西是合适的。比如3万元的普通轿车和300万元的名车，除了车标，普通轿车和名车的基础功能是相近的，没必要用自己的健康，甚至生命作为代价去追求名车。第二，不能没有目标。停留在半山不是不再努力了，而是横向发展广阔的人生。

半山理论的核心就是横向发展自己，提升自己的多维度能力，着眼于人生的投入产出比，它既不是激流勇进也不是激流勇退，而是在激流中找到岛屿停靠下来思考。

财富清零与时间清零哪个更可怕

> 时间比金钱的力量更大，你能赚钱却不能赚取时间。

常说时间就是金钱，但当生命和金钱都面临归零的时候，你内心更恐惧哪一个？当知道自己的生命已经进入最后一天的时候，我们宁可用尽所有的金钱，也希望留住这一天，即便留不住，也希望这一天是最灿烂的。可是一转眼，当我们得知，生命未完待续，对金钱的强烈渴望又重新被点燃起来。时间可以帮我们赚取财富，但财富却不一定能帮助我们赚取时间。因此，读取财富数值的时候，别忘了看看自己的时间存折。

在这里不得不再次提及电影《时间规划局》，想象一下如果自己置身其中，生活在一个由"时间"掌管的世界，手上戴着一只随时提醒你生命倒计时的手表。在这样的压力驱使之下，我们将承受怎样的恐惧？假如我们的衣食住行都用时间来换取，是不是就会学会对时间精打细算？而事实上在现实世界里，更加恐怖。电影中，我们可以通过劳动赚取时间延长生命，也可以通过别人为自己"充值"时间延长生命，现实世界中，即使过去的一秒钟也没有任何办法"买"回来、"赚"回来，或者和别人交换，时间过去了就是流逝了，时间的倒计时是精密的仪器，不会算错一分一秒。

其实，每个人都应该有一张时间存折，也就是前面讲到的那张 A4 纸，虽然没有办法像电影中一样，赚取时间或者找别人为自己充值，但是可以时刻提醒自己，时间还剩下多少。无论我们的时间距离清零还有多远，都应该把它花在高价值的地方，让它"充值软生命"。生命和时间最终都有要面对清零的那一天，希望我们能以智慧相对：当财富清零的时候，收获拼搏奋斗的经验和从头再来的勇气；当时间清零的时候，从容以对，因为自己从未浪费掉时间或者虚度人生，也因为当"硬生命"清零的时候，"软生命"还在增长……

我们无法掌握生命的时间长度，但却可以延长生命的价值。

财富自由和时间自由

做时间的资本家，花钱买他人的时间，做自己的事。

生活中，我们可能常常会听到这样的话"如果有一天我有钱了……"或者"如果有一天我有时间了……"可是生活中经常发生的事情是，有时间的时候没钱，有钱的时候没时间，即便是富翁，也很少能两全其美。这其中最主要的问题，是忽略了财富自由和时间自由其实是同一条路。自由，就是你不必再为了满足生活而出售自己的时间，并可以随时说不，而这个自由其实就是财富自由和时间自由合二为一的自由。其实，自由的本质之一，不是财富，而是时间。

获得财富最简单的方法就是工作，无论你是为国家工作、为老板工作，还是为自己工作，工作的本质就是用时间和能力交换财富价值，所以你对待时间的态度，就决定了你对待财富的态度，也就等于对待自由的态度。每个人都渴望自由，但是真有自己想象的那么渴望自由吗？不一定。或者说，大多数人对自由的认识还有待提高。

从"二八法则"来看，世界上80%的财富掌握在20%人的人手里，80%的人在为20%的人打工。那么这80%和20%的人之间的差距是什么？就是大家对待时间的态度，对自由的渴望度，也就是时间商的高低之分。

对于大多数打工者来说，在工作中，首要考虑的是薪资待遇，"我付出的劳动可以获得多少回报"，只停留在自己的层面。老板们对于这类打工者最关心的也是，付给他的薪资，能获得多少利润，但是这两种考虑中，都忽略了时间成本，我们获得薪资交换的不仅仅是自己的能力，也有自己的时间，而老板购买的也不仅仅是员工的工作也包括员工的工作时间。所以，打工者的实质，是通过出售自己的时间来换取老板的工资；出卖自己的影响力，增加老板们的影响力。而且，同一个时间，只能卖给一位老板。普通的打工者只做好老板让自己做的，因为这个时间只能做这件事，优秀的打工者会考虑如何在这个时间内创造更高的价值，获得更高的薪资。无论是普通打工者还是优秀打工者其实都是停留在出售一次时间赚一次钱的境界，这种境界距离自由还很远。

因此，打工者要向自由迈进就要颠覆自己的"打工者"思维，用"老板"的思维去打工。

为什么一个人给老板打了 10 年工自己却没有成为老板？为什么一个人在一个岗位上工作了 10 年还没有成为专家？因为他们考虑的都只是出售一次的时间，如何获得更多的报酬。出售一次时间赚再多的钱，也都是有限的，本质上都是同一种工作的不断重复，只有考虑将时间二次出售，才能获得高于成本的收获。无论给谁打工，无论做什么工作，创造的都是自己的 C 值，自己的 C 值越大，时间价值才会越高，让自己的 C 值变大的事情，一定是符合"三利"的，也一定会是让自己有所进步的。

将同一个工作时间，二次出售，不是指出售给两个老板，而是要出售给自己，既为老板打工，又为自己打工，让公司和自己都能有所收获。一个企业中，总有些人是被动的，安排做什么就做什么，到月领工资，从不给自己找麻烦，但是有些人却总是喜欢"逞强"，什么都想尝试，什么事情总想往自己身上揽，主动要求变化，做了很多"吃亏"的事。他们是傻子吗？当然不是，这就是"老板"的成长思维。比起每月的工资，他们更在意可以让自己成长的机会。所以，同一份工作，有的人却能做到收入翻倍。一次出售给老板——获得了工资；一次出售给自己——获得了成长。他们首先考虑的不是自己赚多少钱，而是如何让自己更值钱，甚至他们把时间首先出售给自己，顺带出售给老板。这种二次出售的收益，从短期看可能不如下班之后去找个兼职见效更快，但把时间投资到自己的成长上，是风险最小收益最大的投资。而作为打工者，虽然表面看起来是稳定的环境，但其实却是收益最小风险最大的投资。

二次出售自己的时间，是职场中时间商觉醒的标志，具有跨时代意义，只有想通了时间的二次出售，才可能累积到时间的多次出售，创造更大的时间价值。优秀的员工会在工作中不断总结自己的工作经验，从而形成公司的培训资料。公司用他的资料每进行一次培训，就售卖一次他的时间。我们将这样的人称为"创造者"。类似这样的创造者还有很多，比如学识丰富的人会在网上开课，一次课程，多次售卖，一段时间，多次售卖。他们所创造出的价值，都是一次创造、永久收益，只要创造完成，后续在上面所花的时间，几乎为零。

无论是打工者、老板，还是创造者，虽然距离财富自由越来越近，但实质上都还停留在用自己的时间去赚钱，而真正要获得时间本身，就需要把自己的时间留出来去自用，花钱去买别人的时间。

现在的社会，已经进入到"时间资本主义"时代，资本主义就是有买有卖。那些只考虑眼前利益，忽视时间价值的人，就是不断廉价出售自己时间的人，而真正具有时间商的人就是用低廉的价钱购买别人的时间，为自己创造最大价值，不管他们的身份如何，都是时间的资本家。

　　把琐碎的事交给助理，把时间用在更有价值的事情上，这在他们眼里，是划算的。即便没有钱请长期的司机，有些人也会雇用临时的代驾人员，因为他们可以在车上思考更多的事。请家政工人，不是因为懒惰对家庭不负责任，也不是因为单纯有钱，而是他们觉得自己的时间价值更大……这些人可能还没有达到绝对的财富自由，但是他们懂得时间的价值，愿意去做时间的资本家，去花钱买别人的时间，做自己的事。

　　当我们只是一个打工者的时候，要学着用老板的角度去工作，因为你不是在为他打工，而是在为自己打工；当你成为一个老板的时候，不要满足日复一日，用量去累积财富，而要考虑创造一劳永逸的"品牌"，即便这项投资最初很亏本，很不划算，但用时间商从长远的角度来看，当收到效益的时候也许就会一发不可收拾；如果你已经成了一个创造者，也不要沾沾自喜，用自己的时间赚自己的钱，是天经地义的事情。很多企业家难以继续扩大自己的资本其实都卡在这个环节，难以真正的"发射"。因为达到了基本的财富自由，他们很容易被假象迷惑，以为自己已经达到了人生的巅峰，获得了终极的幸福，其实不肯放手去买别人的时间来工作的企业主们是时间最大的奴隶。他们中的很多人被财富诱饵引诱，以勤勉绑架道德，最终陷入了为企业，为员工打工的怪圈。事实上，财富自由不等于绝对的自由，但是绝对的自由可以是财富和一切的自由，这个自由并不是指我们要累积多少量就自动升级为自由，而是我们身体和心灵全面的自由，自由到不计较得失，因为不计较不在乎，所以才是拿得起放得下的绝对自由。

时间商 & 财商，哪个让我们更富有

懂得做时间商的小生意，为时间定价。

如果时间和金钱一样，是财富的另一种形态，那么在这个已经到来的时间资本主义时代，时间也必然像其他商品一样应该有它的价格。通过对时间商的认知，我们应该可以对自己的时间价值有了初步的评估。如果每个人的时间，跟商品一样有它的价格，那么不同的人，打造的时间不同，价格也会有差异。

我们该如何为自己的时间定价？亚当·斯密在《国富论》中提出，一方面商品的价值由生产这种商品所耗费的劳动决定，另一方面商品的价值也与使用这个商品能够购买或支配的劳动量相等。这一理论在马克思主义经济学时代，依旧被认同——劳动决定商品价格。而将近 400 年后的今天，还应该相信"时间价值"也是重要的成本，参与到商品价格的制定之中。这也是为什么"手工订制"的价格总是要比批量生产价格高很多，从商品本身的价值来讲，一件普通的西服和巴黎时装周高级成衣订制西装并没有太大区别，但是从附加价值来看，高级成衣会为穿着者带来更高的满意度，成衣的设计者和制作者也花费了更多的时间，所以当我们购买这件产品的时候，就要为满意度和时间价值来买单。在市场经济中，我们其实一直在为时间买单，但是如果要给自己的时间也制定一个价格，我们会觉得无从为自己的时间定价。

不过现在有了时间商，这个事情就可以量化了。利用时间商的公式可以计算时间的价值，能让大家在面临选择的时候，多一种选择的标准，打开自己的"X光机"，扫描一下看看是否值得去做。如果我们的生活终极目标是追求幸福感与绝对的自由，那么金钱就是一种衡量工具，而非人生的终极目标，这样就把我们从世俗的压力中解救出来了。

给自己的时间定价，应该是一件很有趣的事。让我们来看几个为时间定价的测试。

测试一：关于买东西

你喜欢一件东西，一时没有决定买还是不买。你会：

A：看上就买

B：看上之后，多选几件比较并且讲价

我想大部分精打细算并且有"财商"的人可能都会选择 B，买东西当然要货比三家，当然要讲价之后再购买，在此期间，我们可能会节省一些钱，但是却把时间成本忘了。时间成本是什么？时间成本就是生命，我们在用生命为一件衣服，三五百块钱甚至三五十块讲价，换言之，我们的生命价值，是不是也大大损耗了呢？以买书为例，通常的流程是，我们想买一本书——在网上搜索——看一下点评内容——确认一下是不是正版——看一下每家价格——下单——等待快递送货——接收签收，这样一个过程实际时间支出，最快也要 10—20 分钟。如果是去实体书店，至少还要再加上 30 分钟的往返车程，少说也要一个小时了。按照时间商来说，就算是普通的工薪阶层，他一个小时的价值也是很大的。所以我通常买一本书不会花超过 10 秒钟的时间，当我想买一本书时：第一个动作，用手机保存下书的封面；第二个动作，将保存下的封面发给司机；第三个动作，司机会在几天内把书买到并放在我的车里。我的司机时间就没有价值吗？有，但是他在等我的时候，就可以用手机下单购买，在工作中同时为我提供了两种服务，工作价值翻倍。我是这样计算的：一生买书及别的商品次数可能至少 2000 次，每次节省 10 分钟，就可以节省 300 多个小时，相当于半个月的寿命。

　　我和伙伴们聊起这个例子的时候，他们说并不是每个人都有司机或者助理帮他做这件事。我想说这是一种理念，比如现在有种职业叫"跑腿"，可以帮你做很多事情；比如你的朋友，有一些喜欢逛街或者逛书店，可以请他们帮你顺便购买想要的东西；比如你出去办事，看见喜欢的东西时顺便就购买了。别让自己浪费时间琢磨、比较、犹豫后再浪费时间重新购买，浪费时间，浪费生命。做一件事时，要清楚：是花钱在别人身上买时间，还是浪费自己的时间去做不值得的事情？

财商帮你省下的钱是可以计算的，时间商帮你节省的时间价值却是不可估量的。

测试二：关于外出吃饭

经济拮据的你和女朋友认识一周年纪念日，想出去吃饭。你会：

A：选择一家普通的餐厅，在自己可承受的经济范围内，不会对之后的生活造成影响

B：选择一家豪华餐厅，之后一周都在家里省吃俭用

如果是我，我会选择 B，通常意义上会被冠以"败家"。但是我们的前提是"纪念日"，而纪念日的意义在于要在自己的生命中留下记忆点，留下了记忆点就等于延长了软生命。如果还像平时一样，找一家普通的餐厅吃吃饭，说几句祝福的话，可能当时我们的幸福感不会减少，但是过不了多长时间，这一天，就和我们平时的任何一天一样，湮没于记忆中。相反，如果去

了稍微超出自己能力范围内的餐厅吃饭，超支的后果是接下来几天都要吃泡面，但请相信我，就算你的女朋友怪你"乱花钱"，这一天她也会印象深刻。那么你为这一餐所花的钱，不仅支付了当时的餐费，还购买了无限的幸福感和软生命，哪一种更划算？

财商只算经济账，而时间商除了考虑划算的经济价值，更要帮我们考虑人类情感这一终极的幸福话题。

测试三：关于加班

如果你的工作，需要周末加班一天，赚一天的工资，你宁愿：

A：放弃休息，多赚一天的钱

B：不赚这一天的钱，休息一天

我想很多人的心理反应应该都是 B，但是从小受到的教育提醒我们必须选择 A，选择 A 更有职业责任感，可能还会带来升职加薪，被老板器重。但是根据一项调查显示，现代社会80%的人都没有时间做自己想做的事。这种"时间荒"导致人们快乐减少，不常笑，锻炼少，身体不健康，工作效率低，离婚可能性高，每年的医疗成本大幅增加。而且，时间匮乏直接导致企业每年的生产力成本上涨，公共卫生官员们也将时间匮乏列为导致肥胖人口增加的最直接原因之一。令人感到讽刺的是，随着时代的进步，似乎我们比以往任何一个时代都更加自由，可是同时又都掉进了时间的陷阱。

财商让我们成了时间的奴隶，时间商让我们成为时间的主人。

这些小测试让我们清晰地了解到：到底应该更重视时间还是金钱；财商和时间商到底哪个才能帮我们赚到更多的钱；到底我们更缺的是时间还是钱；我们应该攒更多的时间还是更多的钱。可能多数人都会陷入这样的一个陷阱，花时间赚钱，因为钱可以给我们幸福感和安全感。但其实，我们可能盲目地扩大了金钱带给人幸福的能力，忽略了时间的隐形价值。看看以下这些场景，其实，时间和金钱、时间商和财商是可以同时并存的，他们不是敌对关系或者并列关系而是先后关系、因果关系，如果我们凡事习惯了从时间商的角度去思考，你就会发现，其实你的财商也随之提升了。

提升时间商，多赚 15 倍

我们需要树立全新的时间系统，也就是时间商。如果你的生命中只有一套金钱系统，那么你就总会用金钱来衡量一切，当你有了双核系统的时候，你就会发现从时间价值的角度和金钱做衡量，会让自己真正有钱。之前我们算过，如果一个人年薪20万，他每小时的经济收入应该是100元，那么他的平均生命价值应该是 500 元。以简单的一家三口来算，他的软生命价值至少影响配偶、子女，是 1000 元，也就是说一个年薪 20 万的普通三口之家，每一小时的价值应该是 1600 元。回过头来看，如果我们没有计算时间价值，也没有为时间标注价格，每加班一小时，每听人抱怨一小时，每排队一小时，是不是都在损失？反过来看，如果我们具有时间商，就不会觉得自己贫穷，我们是每个小时都能创造 1600 元价值的人，而不应该就让每个小时的价值停留在 100 元上，这是不是等于有时间商的人比没有时间商的人，价值增加了 15 倍？仅仅只是换个思路，行为上没有任何改变，幸福感就会有这样的提升。这种效果可能是因为，人们不再过度关注金钱和赚钱本身，而是更多地考虑，我们所做的这件事是不是有"软生命"值，是不是有影响力，所以压力自然也会有所减轻。

好好吃顿饭，多赚 1600

中国是美食王国，八大菜系，都有自己的文化底蕴，街边小食也有自己的动人故事，但我们肯花更多的钱在吃上，却越来越不懂得享受吃饭本身。中国人吃饭，一种是快餐式吃饭，一种是社交式吃饭。这一点与法国人形成鲜明对比，法国人同样精通美食，但是他们享受每天用心品尝美食的时间，吃什么、在哪里吃、跟谁一起吃……如果我们知道，每小时的价值是1600 元。一顿饭刚好吃一小时，如果这一个小时是和自己喜欢的人享受了喜欢的美食，我们就等于收获了 1600 元的快乐。而如果这一个小时的吃饭时间用来社交，本身就损失了 1600 元的快乐，同时又没有人支付我们这一个小时的 1600 元，再加上饭钱，不好好吃饭就是吃亏。

共度相爱时光，攒出爱的小金库

热恋中的人，用什么来表达爱呢？如果说有什么能抵御商家制造的"甜蜜杀"，那只有"陪伴是最长情的告白"。电影《大话西游》中孙悟空说，如果可以给爱标上期限，希望是"一万年"，如果把共同度过的时间作为礼物，送给对方，比如一起上下班，两人关系会更融洽。如果每一次上班路上有一小时陪伴，就等于每次为对方攒下了 1600 元，同时也攒下了爱，而这类礼物能够带来的幸福感远超过实物。日积月累的爱，让我们共同打造了甜蜜的小金库。

还没开始休年假就亏大了

休假是时间陷阱的重灾区。调查显示，每年有 80% 的人，没有休满假期。如果有人放一沓钱在桌子上跟你说，你不要就拿走了，你肯定毫不犹豫地伸手。如果说假期不休，就作废了，你可能摊摊手，作废就作废吧，反正还要干更多的活，赚更多的钱。明知道放假会让自己更快乐，会让自己的时间价值更高，可是我们却轻而易举地放弃了。那些被白白浪费掉的假期，和放在桌子上被人收走的钱，没有任何分别，如果有，只是假期更值钱。

有一项关于时间和金钱的调查显示，在接受调查的 100 名受访者中，只有不足 40% 的人，希望得到更多的时间，而非更多的金钱，大部分人相信一旦他们有了更多的金钱，一定会拥有更多的时间。而同一项调查在 100 名百万富翁中进行，只有 20% 的人愿意为时间放弃金钱。事实上，我们发现，那些愿意为获得更多空闲时间而舍弃金钱的人，拥有更融洽的社会关系、更满意的事业，所以，如果你想要获得真正长久的财富和幸福，是时候基于时间而不是金钱来做决策了，是时候用你的时间商而不是财商来衡量一切了。这就像中国人讲究的"道法自然""水到渠成"，越追求财富，财富可能会离我们越远，而把追求财富的过程当成真正的享受，以时间商的标准去选择追求财富的方法，那么无论最终我们是否能够达到传统意义上的富有，都可以不负时光和生命价值，成为一个真正自由快乐幸福的人，从某种意义上讲，这种富足远远大于财富带来的有限价值。

穷人渴望金钱，富人渴望时间

> 时间是种特殊的货币，合理运用它，你就能成为"富豪"。

你以为你和富人之间的区别是你不够努力，没抓住机遇，不是富二代，不是名牌大学毕业……这些只不过是每个人步入一个新的世界的起点而已，穷人和富人之间的差距是欲望——穷人的欲望是金钱，他们希望有更多的钱，然后去买更多的时间，可是往往钱没有赚到，时间更买不到；富人的出发点就是想要有更多的时间，更多的自由，能赚更多的钱。结果是，时间和钱，他们兼而有之。

富有如比尔·盖茨，他对待问题的态度最好地证明了他成功的秘密——对自己时间的掌控。

复杂的问题拆开处理

据微软的高层们总结，比尔·盖茨非常善于将复杂的问题进行分解。比如比尔·盖茨打算做咖喱饭，但是没有咖喱块和胡萝卜，那怎么做这顿咖喱饭呢？一般人的做法可能是考虑需要咖喱块和胡萝卜才能做咖喱饭这件事，但比尔·盖茨会把它拆解成没有咖喱块和没有胡萝卜两个问题，没有咖喱块可以用咖喱粉代替，没有胡萝卜可以用土豆代替。当你的时间用来解决一个大问题的时候，思维会出现阻塞，让这件事更容易被放弃，但是变成若干的小问题后，就会更加容易处理，反而时间价值更大。

尽量避免低价值选择

时间价值的高低，取决于所做的事的C值高低。有些事情看似很重要，但是C值极低。通常"成功人士"都不会把自己的高价值时间用在低价值的事情上。比如穿衣这件事。虽然"人靠衣装"，很多人会在职场、商场为自己准备很多"得体"的衣服，根据不同的场合、会见不同的人进行搭配，这固然是一种职场礼仪，但事实上，再得体的衣装都只是外表，影响力C值极低。高时间低价值的事情，要尽量避免，如Facebook（脸书）创始人马克·扎克伯格，总是穿着灰色 T 恤衫和牛仔裤；苹果公司创始人史蒂夫·乔布斯则永远是黑色圆领衫配牛仔裤；美国前总统奥巴马的西服也是非灰即蓝；比尔·盖茨的服装标配就是 V 领 + 衬衫。

为什么他们的服装选择如此单调？因为他们要尽量减少日常生活中的选择次数，也就是降低低价值时间，空出来的时间可以与不同的人见面、进行各种决策，为了在做重大决策时保持头脑清醒，他们会避免为了一些无关紧要低价值的选择而耗费精力，其中就包括服装配饰的选择。对他们来说，简单既是风格也是高时间商的一种表现。

除了着装选择以外，还有更加浪费时间的事情，比如礼节性社交。双方的会面没有任何实质性目的，仅仅是为了打个招呼、寒暄几句。除了消耗时间，获得一些表面的情感递进，并不能对需要决策的事件起到太多的推动作用。

尽可能避免低价值信息

仍以比尔·盖茨为例，据说比尔·盖茨很少专门听取下级汇报，而是指定专人将相关事宜了解清楚，然后再言简意赅地向他汇报。这并不难理解，微软那么大，如果比尔·盖茨与每个员工都进行面对面的交流，将耗费大量的时间。但这其实也是高时间商的一种表现。具有高时间商的人，即便没有比尔·盖茨的微软这么大体量的公司，他也不会一一听取下属的汇报，因为下属能力水平参差，要汇报的问题和遇到的困难与高时间商的人不尽相同，如果一一听取汇报，过于浪费时间，这是任何一个具有时间商的人都不会做的决定。

反观很多企业家，从创业之初，就是自己一手一脚打拼出来的，随着事业的壮大，也会习惯性地事事亲力亲为才会放心。表面上看，钱权都高度集中在自己手中万无一失，但是必将因此将时间浪费在很多低价值的事情上，而损失其他高价值的机会成本。

兵贵神速

1995 年 1 月在美国微软公司总部，围绕着 OS 的研发，出现了"开罗"小组和"芝加哥"小组两个派系的分歧。两个小组发生了并不太友好的竞争，双方将在比尔·盖茨面前陈述理据以保证自己的小组能继续研发。

开罗小组送交的材料，洋洋洒洒 400 页，不厌其详地描述了芝加哥小组的程序，是怎样华而不实、破绽百出。芝加哥小组只是遵循比尔·盖茨奉行的"兵贵神速"理念，即使不够完美，完成度只有 70%—80%，也要先拿出大致的雏形，抢占市场，打时间战。最终比尔·盖茨依旧用他"兵贵神速"的宗旨，和另外两位总裁离席的时间不过 3 分钟，就做出了重大决定："开罗小组撤出研发工作。"这个决定让芝加哥小组的研发成果迅速投入了市场，这就是我们所熟知的 Windows95 系统的测试版。如此重大的决策，商议决断的时间也仅用 3 分钟。

很长时间以来，大家都把比尔·盖茨当成商业奇才和世界首富膜拜，探究他成功的经验。我更愿意相信他能够在事业上获得巨大的成功，成为世界首富，与高智商、高情商、高财商有关，更与高时间商有关。以上几个关于比尔·盖茨的小故事，从时间商的角度解析，就会发现，我们与首富之间的距离并不只在于财富，而在于认知水平。

时间商让比尔·盖茨能够对时间价值有清晰的认识，某段时间应该用来做什么，应该用多少时间来做什么，应该在什么时间做什么，这些都是他的时间思维力。作为公司的第一把交椅，他并不是所有员工的大家长，需要事无巨细地了解处理各种事情，他以时间商为准，选择自己该做的事，自己该用的人。通过这些小故事我们发现，他也正在用时间商潜移默化地影响着企业文化，当一个企业所有的人都具有时间商，都在为提升自己而努力工作的时候，对于企业来说，是事半功倍的。而这正是比尔·盖茨和其他像他一样真正的富豪们与奋斗在前进路上的中产企业家们——假老板真员工的区别。他们看似忙碌，看似辛苦，看似为企业发展，但其实早已沦为所有员工们的"员工"，因为他们只想着"赚钱""省钱"，以为对金钱的渴望就是成功的动力，其实不过是舍本求末。

避免负重前行

路上行走，你带的东西越来越多，本来你想成为富翁，结果你成为自己的奴隶。

为了200平方米撑面子的大房子，牺牲了不该牺牲的身体健康。

10万元就能买车，但为了虚荣，买了名车，结果经济上承受着更大的负担。

这一切，都是由于人生缺乏支撑点，就把眼前的权名利当成自己追求的全部。

但实际上，我们生而为人，不论贫穷或是富有，最终追求的本质都是为了获得爱、快乐、幸福与自由。

如果眼下的生活，有亲密爱人相伴，有健康的身体，你已经就是富人了。因为这些是人生最本质的追求，别人要用时间去换的东西，你已经拥有了。那么，剩下的权名利，就用豁达的人生态度去获取吧！

本来你的生命只能负重50公斤，但你偏偏要负重500公斤。

不堪重负的人生，会让你失去更多，比如失去最初那份美好的爱，失去原本拥有的健康，失去平和快乐的心态。

无欲则刚，是一个人最强大的精神状态。当你可以放下负重，轻松上路，你会变得非常轻盈。而这份轻盈，恰恰是能够引领我们获得自由人生的关键。

利用时间商"致富"

追寻财富要用对力道，以喜欢和想做为前提，靠时间商致富。

当谈到时间商的话题时，总是有人问我，时间商真的能帮人致富吗？能！我的答案是肯定的。时间商能解决一切问题，同时也是我们看待一切问题的另一个标准。你可能马上反问，时间商太神了。没错，因为时间商就是教我们做"神人"。

当我还是一名在校大学生的时候，并没有专注赚钱，反而很快成了大学生中的"首富"。这有点像我们中国人的老话"无心插柳柳成荫"。因为在我开始做每一件事的时候都没有把赚钱放在第一位考虑，而是先考虑，这件事情需要花费多长时间，这件事做过之后它的价值有多大，影响力有多大？正是因为这个标准，我没有选择大学生们常去做的家教、小时工等工作，而选择的是当时没有人做过的外籍演员经纪人。

在选择做什么工作前，首先考虑的是我会做什么，什么是我轻而易举可以变现的。因为，英语是我的第一生产力，所以和英语相关的工作肯定是我的首选。和外语相关的工作有很多，可以做外语家教，可以做兼职翻译，可以做外事导游……但是什么工作，时间自由度最高，又可以赚到钱呢？当然是让别人替我去赚钱。基于这两点，为剧组寻找合适的外籍演员，让外籍员工工作为我赚钱，这是最好的赚钱方式。这种方式中，最重要的就是，如何能在现有的工作中赚取最大的利益，以时薪代替月薪！这是一笔经济账，也是中西方时间经济的不同看法。

其实，这与其说是我靠时间商"致富"的经验，不如说这就是我以时间商为基础的思考方式。任何一个人，追寻金钱和财富都无可厚非，可是如果我们用错了力道，那就只能离财富越来越远。

时间商，不是时间长度的累计，而是时间价值的飞跃。为什么越工作越贫穷？是勤劳致富欺骗了我们吗？不是，是我们的时间商没有觉醒。我们的劳动只是埋头苦干，如果劳动1个小时赚100元钱，那么每多工作1个小时也只能多得到100元钱，除去睡觉吃饭休息，一天最多能做12小时，赚取1200元钱，这就是时间的累计，这个累计，一天是1200元，2天是2400元，3天是3600元……我们无论如何努力，财富都在一个可见的范围里，这是赚很多的工资，不是致富。

致富，是今天赚 1200 元，明天赚 12000 元，后天赚 120000 元……让财富出现无限可能。读李嘉诚的创业史，知道他从一个钟表店学徒做起，勤劳致富不畏艰苦，最终成为首富。但是，这个故事的励志之处，还在于李嘉诚很早就意识到，如果他一直在钟表店待下去，努力工作的结果也就是他能够成为钟表店的老板，单位时间内创造的价值永远不会出现质变，不会轻易改变在别人眼中已经稳妥的工作。其实，他很早就建立了自己的价值标准，可能那时，他还不知道这就叫"时间商"，但是他一定会比较，自己是用 3 年的时间，成为最优秀的修表工，还是用 3 年的时间自己创业？

中国人常说埋头苦干，现在越来越多的人的做法更应该叫作"埋头傻干"，因为他只知道看着自己的眼前，一元一元地赚，用时间来累积财富，却根本不知道时间背后的价值和财富的秘密。如果我们不懂得启动时间商，制定时间系统，为时间定价，就只能一直持续同样的状态，可能 20 年后，会获得了传统意义上的成功，职位高升、家财万贯，但是伴随着这些成功，很可能错失很多和家人朋友聚会娱乐的时间，缺少很多值得被记住的体验的时间，缺少很多可以关爱别人和被别人关爱的机会……这些缺少的部分是金钱财富无法弥补的，当别人的软生命写满了有趣、有爱、有意义的事情的时候，你的生命力却是用数字在衡量，它们对于你的硬生命来说只是一种遗产，甚至还会因为它们而损害你的硬生命。可是相反，当我们站在时间商的层面去考虑生活，势必只会选择自己喜欢的，有挑战性的，有创意的，有幸福感和乐趣的……而这些条件无疑都为我们的成功致富提供了可能性，以"我喜欢"和"我想做"为前提的人生，每一步都是在靠近终极的成功，而这种成功所带来的不仅有财富的收获，更多的还有创造财富的幸福感、满足感，让你成为人生的终极赢家。所以时间商理论致富的两个基本要点是：

第一，要有财富的底层观念。财富绝对不只是金钱的多寡；财富实际上是生命价值与经济价值之和。当底层观念不一样的时候，人生的走向就会发生变化——既要赚钱，又要赚命；既要存钱，又要存命。第二，初步完成财富积累之后，要调整目标，将时间放在追求生命价值上。把生命价值的权重增大，在这个过程中，你会发现人生的大部分时间是快乐的。因为有了软生命的概念，你追求的东西都会源远流长。

时间商是权衡"商机"的艺术

每一次对时间的消费，都要像商人一样思考，这笔交易划算吗？

生活中的大部分事情，本质上都是交易，而交易的本质，就是与时间的置换。人的一生，可以说是无数体验的叠加，也可以说是无数个交易串成的故事。付出时间学习，收获了认知；付出时间玩耍，收获了愉快；付出时间去努力工作，收获了金钱和成就；付出时间和精力去养育子女，收获了家族传承；付出了今天的时间去刻苦学习，为了收获明天的快乐和幸福……如果将时间当成一种货币，相当于我们一直在花钱。那么，时间商除了让我们知道如何合理地"花时间"之外，能不能利用时间来赚钱呢？当然能！时间商，能够让人看到潜在的时间商机。那么，在时间资本主义时代，时间商能给我们带来哪些商机呢？

时间的零售

随着 5G 时代的到来，以及互联网的无限开发，碎片化的时间将越来越多，对它们的利用程度也会成为影响人们收入多少的重要因素之一。可以通过利用碎片时间，增加时间的意义。如果将碎片时间看作是零钱，就可以把碎片化的时间在银行里做一笔零存整取的业务，就像在银行中存款的零存整取一样。

一个简单的例子，随着智能手机的不断升级，我们发现身边的微商突然如同雨后春笋，就连很多明星都加入其中，其实这就是一种时间的分享和交换。如，上厕所的时间，等车的时间，排队吃饭的时间，动动手指，就可能把这个"垃圾时间"变成"金钱"。对于很多分享者来说，他们是用自己的经验省去别人做体验的时间，我们花钱购买的就是节省下去体验的碎片时间。这就等于，我们把自己的碎片时间零售给了别人，换来了零钱，存进了银行，或者有效利用"碎片时间"来做自己喜欢的事情，把碎片的"软生命"存进了银行。

既然碎片化的时间如此有价值，在未来，能够让碎片时间高效化和舒适化的产业，也必将广受欢迎。比如机场、车站附近汇集了大量的"碎片时间"，现在这些空间大多配备了自助按摩椅，利用等车的碎片时间可以进行按摩；还有舒适的咖啡馆，既可以让人们短暂休息，也可以利用碎片化的时间来进行办公约会。这些看似是车站、机场的增值服务，其实都是碎片时间与空间的完美结合。

时间的批发

每到春节、情人节的时候我们一定会看到这样的段子或者新闻，出租自己作为男友或女友，帮你应付那些七大姑八大姨，这些"工作"的实质其实都是在批发自己的大块时间。比如，电影《合约情人》里的主角也是这样的批发者之一。把自己的时间作为商品出售也并不是新鲜的行业，比如以前排队买票再高价贩卖的"黄牛"，而这样的商机在未来会越来越多，比如跑腿、闪送、外卖等等。越来越多的人利用空闲时间从事其他业务，比如有私家车的上班一族，利用平台接单做"顺风车"，用空闲时间载客赚钱。这种行为也可以看作是零售自己的时间来给别人做司机。

我们并不否定这样的工作，只是必须了解出售自己的"大块时间"替别人排队的人，和把"碎片时间"节省下来用于提高自己工作效率的人，二者之间的收入差距今后将会越来越大。随着大家对时间价值认识的不断提高，不同的时间利用方式将会决定一个人成为成功者还是失败者。

时间的拍卖

在售卖时间的服务中，有一个特殊性，就是时间具有排他性，更直白地说，就是有人使用了一个东西或场所，同一时间其他人就无法使用了，服务了某人，就不能服务另一个人，做了某事就不能做另一件事。因为这样的性质，那些稀少的时间、空间就如同稀少的物品一样，为了发挥更大的时间价值，不得不需要像竞拍一样，价高者得。

这听起来有点像"只为有钱人服务"。但是，未来当大家对时间价值的认识越来越多，时间商也普遍提高的时候，为了购买某个特定时间的产品和服务，而导致价格差异的情况会越来越多。比如节假日出行为了节省排队时间可能产生的高价通道，高峰期为了能尽快打到车宁愿给司机加价来缩短等待时间，旅游景区在特定时间段提高门票等，甚至为了最佳的舒适度，而将某个时间段的服务竞价，这些都是在拍卖时间，沿着这个思路，还有很多商机可以靠大家的时间商来挖掘。要把时间转换成钱，就要考虑时间的价值。时间的价值对不同人的认知有高低之分。所谓"价高者得"，也是"有钱难买心头好"，这种认知其实就是时间商的认知，因为时间价值是 ABC 三个值共同组成的，BC 值就是我们可以进行拍卖的空间。

时间的交换

如开篇所说，生活中的绝大多数事情实质都是交换，所有的商业模式也可以简单归结为交换。时间本身就具有交换价值，时间价值的高低，取决于用于交换的内容价值的高低。在物质社会饱和与时间价值重要性提高的双重因素作用下，物品的时代走向了终结，"事情"的时代即将迎来鼎盛，人们更在乎"事情"的价值。那么，哪些与交换有关的"事情"可能提供商机呢？

一是，提供便于见面的场所。例如这几年兴起的共享办公空间，它不同于公共办公室，不会为每个人划分出单独的小隔间，而是人们在开放式空间里工作。共享空间的价值，不仅在于为人们提供了一个轻松自在的工作环境，还包括与不同的人一起办公的机会，以及在讨论中产生新想法的可能性，形成思想交换，比如环境优雅的咖啡厅、商务茶楼这些传统行业的竞争力将越来越多地体现在空间功能上，而非"咖啡""茶"的销售。缩短了人们因为去寻找机会而花费的时间，由此单位时间的价值自然就增加了。二是，提供信息交流的平台，各种聊天、会议软件。聊天软件的沟通效率比邮件更高。在交流和交换价值不断提高的当代，物品与事情之间的较量，将向着有利于事情的方向发展，比起购买物品，人们更愿意把钱花在那些能够提供与别人交流时间的事物和服务上。三是，信息服务。在信息过剩的时代，无论是个人还是企业，都需有一个专职信息官，他们会把庞杂的信息进行过滤，针对我们提供定制的信息服务，节省时间，提高时间价值，这就成就了现在各种信息平台，包括读书平台，图书分享平台等。人们可以根据自己的喜好，定制内容，只接收自己想接收的信息。但是在未来这种信息的过滤会更加的私人化、深入化。

所以，我们已经处在了一个时间资本主义的时代，无时无刻不在进行与时间的交易，每一次对时间的消费，其实都要像商人一样思考，究竟这笔交易划算吗？这次时间的投入，可以换取什么回报？是立即可以获取还是未来交付？当下的收益和未来的收益，都是很重要的。在经商中，时间商就是权衡商机的艺术。

虽然时间商能提供无限的商机，但是也不难发现，因为我们没有主动意识到自己需要具备"时间商"，而一直沉浸在时间的被动中，甚至 kill time——"杀死"时间。不妨大胆预测，在未来，时间会变得更加紧迫，人们的公私时间会越来越难分开，这种情况下，时间商会比今天更加重要。当我们的公私生活交融在一起的时候，幸福、自由、金钱都是需要综合考虑的，而这正是时间商教我们做的；与公私时间融合的人形成鲜明对比的是自由职业者，自由支配自己的时间，自由赚取自己的生活，随着信息终端技术的更进一步发展，自由工作者的工作方式将进一步优化，真正意义上的专业人士都将逐渐成为自由工作者，"法人""公司"概念会越来越模糊，他们不存在领导和部门，办公室就是自己的家，但是却可以比目前的公司企业更具竞争力。他们真正地可以把自己的时间自由地"批发"或者"零售"；我们也可以想象，在未来需要面对面工作的价值会越来越低，也就是我们现在普遍羡慕的"稳定"工作会受到很大冲击。

在未来的时代，竞争力可以全球化地自由切换，单纯掌握一门技能，或者受到时间空间工作内容限制的人，都将成为未来时间的优先淘汰者……总之，在未来人们的时间商会逐渐觉醒并提高，我们会越来越依赖时间价值去评判和选择生活，而物质与精神之间的选择标准就是由时间商在主宰。看到时间商，看到时间的商机和未来的可能，就等于先人一步，做好准备迎接新的时代，让时间价值进入一个良性循环。

后　记

生命表格的秘密

格子理论的应用与"时间罐头"的储存

惊心动魄而又劫后余生的经历是人生不可多得
的财富。

　　时间商格子理论是时间商的底层思维，也是全书重要的理论。如何把无形的时间有形化，不是盖棺定论时的墓志铭，在肉眼可见的生命中，我们可以用一张 A4 纸，把生命做上标记。这一张纸，就是我们一辈子"活着"的记录。如果想让自己的生命多活几辈子，那就多准备几张 A4 纸。那么，如何在这张 A4 纸上或自己的每一天画上更多的"√"？答案是：让每一天都增加更多可以记忆的点，甚至是可以影响别人的"闪光点"。

　　在非洲，最危险的大型动物是什么？狮子？鳄鱼？蟒蛇？还是莽撞暴躁的水牛或者看起来行动迟缓憨态可掬的河马？

　　在去非洲之前，为了让这段旅程充满记忆点与闪光点，我精心设计了一番。我当时研究了所有的非洲动物，发现了一个非常冷门的知识，在非洲最危险的动物不是狮子、野牛，也不是鳄鱼、美洲豹，而是看起来非常温顺的河马！了解到河马每年能杀死3000多人，而每年死于狮子口中的人不到70人，河马"杀人"的数量是狮子的40多倍！

据了解，近年来多名中国人在观看河马时，因疏忽大意被河马袭击身亡。河马的危险性在于它具有极大的欺骗性，它的奔跑速度远超刘翔，游泳速度远超宁泽涛，咬合力更是高达一吨。精心研究了河马的知识，为自己的非洲之旅做了充足的准备后，我给自己布置了一项艰巨的任务，挑战近距离观察河马。来到非洲，踏上塞伦盖蒂大草原后，看到数百只河马在一个池塘的时候，我既兴奋又紧张。观察好地形，设计好逃生路线后，我开始悄悄接近河马，当我距离它们只有30米的时候，危险发生了！一只领头的河马，绕到了我的侧面，向我发起了攻击。仅2秒钟的时间，它从30米外的池塘窜到距离我不到10米的岸边。千钧一发之际，凭借多年打网球所具有的爆发力，我跑上了自己早就瞄准的土坡。

导游拍下了这一段令人胆战的画面，这段视频可能是世界上唯一一段河马近距离攻击人类的视频，而这次经历也令我终生难忘。我早就说过："那些惊心动魄而又劫后余生的经历是你人生不可多得的财富！"特此声明，以上经历切勿模仿！

其实，此次旅行我是带着公益传播的目的去拍摄河马视频的，并把这个记忆做成时间罐头储存下来。河马是非洲最危险的动物之一，近距离拍摄又能全身而退的难度系数不言而喻，但我做到了。所以，这件事本身对我来说就有纪念性，我也会发到朋友圈，朋友们看到后，可能会关心、惊叹，或者当成一个趣闻讲给别人听，更重要的是，经过网络的传播，这件事将有可能对全世界的人都起到一个警示作用。这是我最重要的记忆点，同时也影响了别人，又是升级的记忆点，故此我把它称为闪光点。这样的事情，它的价值就值很多个"√"，而如果生命中都是这样让自己"与众不同"、让别人"津津乐道"的事，就是可以储存的时间罐头，那你的格子里的"√"就比别人多。

以往，我们可能只会用眼前的财富、名气、权利等来衡量自己的价值，确定自己奋斗的目标。但是如果我们有了时间商的底层逻辑，把增加"格子"作为自己人生的支撑点，人生价值观就会更加丰富。找到了新的增长点，你会不自觉地去寻找那些能增加你的记忆点和闪光点，又能增加自己 C 值的事情来做。人生就是一场体验、创造和爱的过程。实际上，每个人的时间银行里的余额，都足够兑换我们想要的自由、快乐、幸福与爱。认识了时间的性格、时间的记录形成，从而可知时间是有其物理价值的，它有磁力可以拼装，有维度可以延展，更有支撑点，让我们去为之努力。

当你运用"格子理论"，你就会清楚地知道，眼下你在做的工作，是在为你的人生画格子。如果你干的都是重复的事情，没有突破和提升，那就相当于重复地过了一天又一天，没有增加你的生命格子"√"的数量。那么，为了增加自己生命格子"√"的数量，为了让自己这一生更"值钱"，你就必须要调动主观能动性去做更多的事情，去体验，去创造。同时，为了不"亏钱"，你做的事情就必须是符合"三利主义"的，是能够为社会、平台和个人都带来效益的。

同样的，如果你运用软生命思想观就会知道，做 C 值最大的事情，对自己的成长来说，最有价值。

那么，从时间商的角度看，什么样的事情 C 值最高？什么才是高级的合理的支撑点呢？我归纳为"时间三利主义"。

简单来说，就是利己，利平台，利社会。

如果一件事情，是只利于自己，但是对平台和社会发展都没有益处，就不会有大的进展。比如说，占用工作时间揽私活，利用公司资源为自己谋私利……这些行为看上去为自己赚到了短期利益，但实际上，任何损害平台的行为，都不可能长久，甚至会让周围的人对你的人品产生怀疑。最终导致的结果，就是事业停滞，品质好的个人或平台，不愿意跟你合作。即使勉为其难合作，也不可能真正信任你，将重要的事情托付于你。

如果一件事情，只对平台有帮助，但是损害了社会的利益，也不会有好的结局。比如说，你明知道这家平台是一家偷税漏税，甚至打"擦边球"的企业，但是你还是选择了跟这样的平台合作。那么，你接下来的职场生涯，可就堪忧了。无论是选择同流合污，还是选择睁一只眼闭一只眼，无疑都是错误的。人生没有那么多的时间可以浪费，应该擦亮眼睛选一个既专业又有道德的平台工作。

一个不会有害于社会的平台，也不会伤害你。因此，一件事情，如果同时对社会、平台、个人这三者都有益处，那么就可以大胆地放心地去做。"时间的三利主义"就是在"三利主义"基础上，以时间为主线来指引我们的一切行动。

眼下社会浮躁且焦虑，弥漫着"权名利至上"的氛围。在我看来，这都是因为没有找到个人生命价值的支撑点。而"格子理论"和"软生命思想观"，是构建个人支撑点的重要途径。

画出你的生命表格

生命表格是一个优秀的"向导"，可以让你过一个幸福、有趣的人生。

你现在是否在好奇过去的人生中，有多少能够让你的生命延长的日子？又有多少能够被称为记忆点和闪光点的时刻？

有了生命表格，你就拥有了一个检验器，可以对自己的人生进行一个有趣的检测，你会知道哪些是值得你去做的事情，哪些是该拒绝做的事情，对未来的人生进行合理规划。那么我们该如何画生命表格呢？

表格横向分三个部分，分别是事件发生时间、事件、生命延长天数。入选事件分三组，分别是体验组、创造组与大爱组。因为表格只是人生的参考，生命延长天数计算太复杂就失去意义了，所以，我选用的是简化打分。

打分标准：体验组入选事件一律打分 10 天以内；大爱组与

创造组则是 100 天以内。

入选事件的标准：首先，至少 10 年后仍然记得；其次，对他人有借鉴意义；最后，要足够有趣、独特或者形成超大的影响力。

评分标准：体验组，重要的 10 天，一般重要的 5 天；大爱组、创造组，非常有影响力的 100 天，比较有影响力的 50 天。

如果读者自己选择入选事件就一条即可：10 年以后你自己觉得可以记住这件事。无论是什么样的事情只要你能够非常清楚地回忆起事件的来龙去脉就可以入选。比如大学四年 1000 多天，哪些日子让你可以记住发生了什么难以忘记的事，你就记录几天。最后把所有生命延长天数加在一起就是你已经延长的生命长度。

大爱组和创造组的标准是利他的思想，这是一个大前提。利他的意思就是说，能够入选的事一定是能给更多的人（C 值高）创造出有价值和意义的事情。对比体验来说，这种事情是更有价值和意义，更能延长一个人的软生命的。

生命表格就是一个美好人生的导向，就是让每个人去选择自己认为最重要的事情、最有记忆点的事、影响最深远的好事和对世界有贡献的事！这些事离我们并不遥远，其实身边有许多看似很简单或普通的事也是符合上面的标准的，未来的日子你选择从力所能及的事做起，一样可以填充一个充满爱与光明的表格。

如果你对自己的生命表格非常感兴趣，想了解具体的数值，并想了解自己的软生命延长了多少，可以参考本书软生命价值计算公式进行计算。

　　其实不管生命延长了100天还是50天，数值是否绝对准确并不那么重要，你自己也可以根据权重值去判定。重要的是可以为之前的人生做个总结，对现在的人生做个扫描，为未来的人生做全局规划。

　　最后，我也希望这个表格可以献给全天下所有的孩子们，因为正如曾任耶鲁大学校长20年之久的理查德·莱文所说："真正的教育不传授任何知识和技能，却能让人胜任任何学科和职业，这才是真正的教育。"父母指导孩子画出自己的生命表格，回忆生命中所有难忘的事，并说出每一件入选事情对自己、对亲人、对朋友或者对社会、对宇宙的意义。通过这样的过程，为孩子从小建立时间商，培养清醒和独立的判断能力，令他们在纷繁复杂的世界里，解开思绪的乱麻，时刻保持清醒的自我意识，不是被杂乱、无意识的生活牵着走，而是把人生牢牢掌控在自己手中，去体验，去创造，去爱！这正是我们的终极目标所在。

　　附录中提供 Tomi 的生命表格作为示范，摘录的事情并不全面，目的是给读者朋友提供一个参考。我只从我的人生中1000件主要事件中分别挑选了20件事。

附　录

体验组

序　号	时　间	事件	生命延长天数
1	2019.10	参加母校新华中学 105 周年校庆并捐赠新书给母校图书馆	10
2	2019.10	"援非之夜"同各国大使和领导嘉宾一起体验饥饿感	10
3	2019.09	洛杉矶体验滑翔伞	10
4	2019.09	与 8 万人一起开进几乎天天有沙尘暴的沙漠并住 8 天体验全世界最大的艺术狂欢节	10
5	2019.05	与来自世界各地的 1000 个发烧友在中国一个密林里体验极简化生活 5 天	10
6	2019.04	在一个空无一人的赛车场驾驶赛车体验飞驰人生	10
7	2019.03	《开心澳洲行》游览了 8 个城市，体验当地的风土人情	10
8	2019.03	在西澳开捕鱼船抓大龙虾	10
9	2019.01	与 25 只宠物狗在内蒙古大草原跨年	5
10	2018.11	孤身挑战横渡、纵渡暗流汹涌的金沙江	5

11	2018.06	运用 3 周时间将大英博物馆 67 个藏品资料全部熟练背下来，体验大英博物馆讲解员工作	5
12	2018.05	去全球最大的潜校每天封闭学习 10 多个小时，拿下海底驾照，半个月内连续体验了八大海滩	5
13	2018.05	参加马来西亚千人马拉松赛跑	10
14	2016.08	独自前往亚马逊雨林和当地向导一同探险	5
15	2016.08	同跳水皇后高敏、体操皇后莫慧兰、游泳皇后钱红、竞走皇后王丽萍一起观看巴西里约奥运会	10
16	2016.08	以组织四城球友进行海边网球赛的方式庆祝生日	10
17	2016.05	在美国洛杉矶通过三家公司为母亲送三份不同的母亲节礼物	10
18	2015	美国加州体验跳伞	10
19	2013.11	拜中国空军飞行大队总教官贾教练为师，成为他第十八期学员，驾驶直升机	10
20	2013.03	在巴黎，与法国艺术家生活一周	5

创造组

序 号	时 间	事 件	生命延长天数
1	2019.10	艺术作品《免疫体1》《免疫体2》成功入选佛罗伦萨双年展,《免疫体2》荣获"文艺复兴奖"	100
2	2019.06	艺术作品《创世纪·新天才的诞生》赠予意大利前总理伦齐	50
3	2019.04	创作的综合材料绘画作品《合·一》参加国际艺术作品展览	100
4	2018.11	四川支教过程中,推出《TOMI幸福课》,受到许多老师和同学的欢迎	50
5	2018.10	首创商业无边界理论	50
6	2018.04	邀请国内外数百位明星参加自己策划组织的中国影视时尚影响力盛典,所得赞助全部捐献	50
7	2018.03	作为特邀嘉宾参加中国公益春晚,演唱自写歌曲《简单幸福》并且发表公益无边界重要讲话	100
8	2017.05	在非洲拍摄"进攻型猛兽"短视频	50
9	2017.05	带领团队改版60余首流行戏ımıbeat歌曲,深受观众欢迎,其中《母亲》是最受欢迎歌曲之一	50
10	2017.03	自创绅士风服装品牌"TOMI"	50

11	2016.01	荣获"中美文化交流贡献奖"	100
12	2015.12	在比佛利同十几家不同领域的公司签署 agreement，促进中美文化交流合作	50
13	2015.04	央视王小丫电视栏目《回家吃饭》策划人	50
14	2014.10	担任中国第一档明星公益真人秀《囍从天降》总导演，受《人民日报》表扬	100
15	2014.02	担任综艺《国色天香》总制片人	100
16	2013.11	与郭德纲一起合办德云社晚会	50
17	2013.07	作为制片人的《我爱我家2》开机	100
18	2013.04	《怀念邓丽君》晚会总制片人	50
19	2013.04	出版《成功就靠这点破英语》，2013年获得亚马逊图书排行榜前十名，kindle 付费榜第一名	100
20	2012.12	与杨澜一起特别策划制作中国首档女性话题节目《中国丽人》	100

大爱组

序号	时间	事件	生命延长天数
1	2020.06	组织成立世界猫文化基金会，推广先进的宠物文化	50
2	2019.12	为柬埔寨多家孤儿院送温暖并资助失去双亲的学生	50
3	2019.11	为凉山彝族自治州多所学校的孩子们送去药品衣物并一起学习互动	100
4	2019.10	助力青海玉树的孩子们和藏族老师圆梦北京天安门之行	50
5	2019.10	大爱无疆贵州行，助贫困家庭的孩子们圆梦	50
6	2019.10	中网比赛期间，和明星们一起为中网小画家的孩子们募捐	50
7	2019.02	在台东除夕夜为教养院的修女们和脑瘫自闭症的孩子们准备礼物和年夜饭	100
8	2018.12	看望台风灾害后塞班的学生，并为品学兼优的学生发放奖学金	50
9	2018.11	西部温暖计划：支教大凉山，为山区的孩子们发放物资，并上幸福课	50
10	2018.03	看望普吉岛 95 个孤儿院的孩子，并为他们解决生活困难	50

11	2018.02	为藏族一小学品学兼优的孩子们发放助学金，并分享实现梦想要做的事情	100
12	2017.07	在非洲拍摄五大动物纪录片期间探望当地的多所孤儿院，并带领孩子们学习中国太极拳	50
13	2017.06	探望坦桑尼亚孤儿院的孩子们，并认领助养部分孩子	50
14	2017.06	探望纳米比亚当地的穷困孩子	100
15	2017.05	马拉松赛跑期间探望吉隆坡一家孤儿院，并为孩子们送去了爱吃的食物	100
16	2017.04	为曼谷一家有 350 个孤儿的孤儿院送去了急用的日用品、粮食、玩具	50
17	2017.02	作为第一个到墨西哥坎昆做公益的中国人，为贫困家庭的孩子们送去物资，并领养一名家庭困难的孩子	100
18	2016.12	为巴西的马瑙斯小学和部分贫困家庭提供救助物资，建立中国第一个固定的公益站，建立小额奖学金	50
19	2016.01	资助古村修建幼儿园，并为当地小学送去学习物资	100
20	2014.03	在四川大熊猫基地认养熊猫，并策划中国第一档明星熊猫真人秀节目	100

图书在版编目（CIP）数据

时间思维 / 孙铁麟著. —— 南京：江苏凤凰文艺出
版社, 2020.11
ISBN 978-7-5594-4273-4

Ⅰ.①时… Ⅱ.①孙… Ⅲ.①时间 – 管理 – 通俗读物
Ⅳ.①C935-49

中国版本图书馆CIP数据核字(2019)第288643号

时间思维

孙铁麟　著

责任编辑	李龙姣
策划编辑	赵明明
产品经理	何丽娜
装帧设计	火山石 _ d
出版发行	江苏凤凰文艺出版社
	南京市中央路 165 号，邮编：210009
网　址	http://www.jswenyi.com
印　刷	北京中科印刷有限公司
开　本	880 毫米 ×1230 毫米　1/32
印　张	8.5
字　数	170 千字
版　次	2020 年 11 月第 1 版
印　次	2020 年 12 月第 2 次印刷
书　号	ISBN 978-7-5594-4273-4
定　价	58.00 元

江苏凤凰文艺版图书凡印刷、装订错误，可向出版社调换，联系电话025-83280257